DIE FARBE DER WAHRHEIT

HITO STEYERL

Die Farbe der Wahrheit

Dokumentarismen im Kunstfeld

VERLAG TURIA + KANT
WIEN – BERLIN

Bibliografische Information Der Deutschen Bibliothek
Die Deutsche Bibliothek verzeichnet diese Publikation in der Deutschen Nationalbibliografie; detaillierte bibliografische Daten sind im Internet über http://dnb.ddb.de abrufbar.

Bibliographic Information published by Die Deutsche Bibliothek
Die Deutsche Bibliothek lists this publication in the Deutsche Nationalbibliografie; detailed bibliographic data are available on the internet at http://dnb.ddb.de.

ISBN 978-3-85132-517-1

Nachdruck 2015
Text-, aber nicht seitengleich mit der Originalausgabe, erschienen als Band 8 der Schriftenreihe »republicart« des eipcp (www.eipcp.net)

VERLAG TURIA + KANT
A-1010 Wien, Schottengasse 3A / 5 / DG 1
info@turia.at | www.turia.at

Inhalt

Die dokumentarische Unschärferelation

Was ist Dokumentarismus?

Während der ersten Tage der Invasion des Irak 2003 strahlte der Nachrichtensender CNN ein merkwürdiges Dokument aus. Ein Korrespondent saß auf einem gepanzerten Armeefahrzeug und hielt eine Handykamera aus dem Fenster. Die Bilder dieser Kamera wurden direkt übertragen – live aus dem Krieg. Der Korrespondent war euphorisch. Er jubelte: Solche Bilder haben Sie noch nie zuvor gesehen! In der Tat: Auf den Bildern war kaum etwas zu sehen. Wegen mangelnder Auflösung sahen sie aus wie grüngraue Farbflächen, die sich langsam über den Bildschirm schoben. Sie ähnelten entfernt einem militärischen Tarnanstrich. Abstrakte Kompositionen, deren Ähnlichkeit mit dem, was sie darstellen sollten, nur noch zu erraten war.

Sind diese Bilder dokumentarisch? Wenn wir gängige Definitionen des Dokumentarischen zu Rat ziehen: Nein. Es gibt keine Ähnlichkeit zwischen der Wirklichkeit und ihren Bildern, und ob sie auf objektive Weise dargestellt wird, können wir gar nicht erst beurteilen. Aber eins ist klar: Sie wirken trotzdem echt. Dass sie von vielen Zuschauern für dokumentarisch gehalten werden, steht außer Zweifel. Ihre Aura der Authentizität entsteht gerade dadurch, dass nichts auf ihnen zu erkennen ist. Aber warum?

Die Antwort liegt in ihrer Unschärfe. Diese Unschärfe verleiht den Bildern nicht nur das begehrte Gefühl der Echtheit; bei genauerem Hinsehen ist sie auch sehr aufschlussreich. Denn dieser Bildtypus ist mittlerweile allgegenwärtig. Wir sind umgeben von groben und zunehmend abstrakten »dokumentarischen« Bildern, wackligen, dunklen oder unscharfen Gebilden, die kaum etwas zeigen außer ihrer eigenen Aufregung.[1] Je direkter, je unmittelbarer sie sich geben, desto weniger ist meistens auf ihnen zu sehen. Sie evozieren eine Situation der permanenten Ausnahme und einer dauerhaften Krise, einen Zustand erhöhter Spannung und Wachsamkeit. Je näher wir der Realität zu kommen scheinen, desto unschärfer und verwackelter wird sie. Nennen wir dieses Phänomen: *die Unschärferelation des modernen Dokumentarismus*.

UNGEWISSE BILDER

Natürlich wird die Ungewissheit der CNN-Bilder auch durch die Bedingungen beeinflusst, unter denen sie entstanden sind: die berühmt-berüchtigte Einbettung der Korrespondenten in die Truppenteile, über die sie berichten sollten. Diese Einbettung kann nur als freiwillige Voreingenommenheit bezeichnet werden, oder vielleicht als Blindheit mit Vorsatz. Aber anstatt uns empört davon abzugrenzen, sollten wir zugeben, dass dies eine viel allgemeinere Situation ist, als wir uns dies eingestehen wollen. Poststrukturalistische Theoreme haben uns wiederholt gelehrt, dass wir alle in die Realität des globalen Kapitalismus eingebettet sind und dass kein Refugium der Unschuld außerhalb dieses Raumes existiert. Wir sind sozusagen längst ins Fernsehen eingebettet, und die körnigen Bilder, mit denen wir leben, haben sich wie eine leuchtende Staubschicht auf die Welt niedergesenkt und sind von ihr ununterscheidbar geworden.

Dies wird auch durch jenes militärische Tarnmuster bestätigt, dem die abstrakten CNN-Bilder ähneln: das »digitale« Muster der US-Marine-Uniformen, das aus grobkörnigen Pixeln zusammengesetzt ist. Es passt sich nicht an eine reale Umgebung an, sondern an ein Videobild. Im Krieg ist die reale Umgebung mit ihrem Videobild verschmolzen; es ist unklar, wo die eine anfängt und das andere aufhört. Und wenn jemand sich an eine reale Umgebung anpassen will, muss er oder sie sich eben als Videobild tarnen – genauer gesagt: als ein unscharfes.

Das Unschärfeprinzip zeigt uns also viel mehr, als dies auf den ersten Blick der Fall zu sein schien. Denn es macht deutlich, dass die Unterscheidung zwischen der Welt und dem Bild, dem Ereignis und seinem Abbild, zwischen Beobachter und Beobachtetem zunehmend verwischt wird. Traditionell war das Dokumentarische das Bild der Welt: Jetzt ist es eher die Welt als Bild.

Aber die Unschärfe dieser dokumentarischen Bilder weist uns auch auf etwas anderes hin – auf die Unschärfe des Begriffs des Dokumentarischen. Je genauer wir versuchen, das Wesen des Dokumentarischen festzuhalten, desto mehr entzieht es sich in den Nebel vager Begrifflichkeiten. Diese Terminologie – Worte wie Wahrheit, Objektivität, Realität – ist ebenso unscharf wie das Tarnmuster der US-Marines. Ihre Haupteigenschaft ist der Mangel einer verbindlichen Definition.

Nicht nur die dokumentarischen Bilder sind heute unscharf – auch die Begriffe, die sie beschreiben sollen, sind weit davon entfernt, klar zu sein: Sie sind mehrdeutig, umstritten, und riskant. Die Metaphysikkritik des 20. Jahrhunderts hat uns gelehrt, dass Realität, Wahrheit und andere Grundbegriffe, auf denen Definitionen des Dokumentarischen beruhen, etwa so stabil sind wie eine aufgewühlte Wasseroberfläche. Und dementsprechend schwankend ist auch unser Verständnis des Dokumentarischen.

Bevor wir aber in Ungewissheit und Ambivalenz versinken, sollten wir eine ganz altmodische cartesianische Wendung versuchen. Denn inmitten all dieser Verwirrung ist unsere Ungewissheit das Einzige, worauf wir uns felsenfest verlassen können. Wir wissen, dass unser Wissen über Dokumentarismus ungewiss ist. Und permanente Ungewissheit stellt auch nahezu unweigerlich unsere Reaktion auf dokumentarische Bilder dar. Der dauerhafte Zweifel, die nagende Unsicherheit darüber, ob das, was wir sehen, wahr, realitätsgetreu oder faktisch ist, begleiten dokumentarische Bilder wie ihr Schatten. Dieser Zweifel ist kein Mangel, der verschämt verborgen werden muss, sondern die Haupteigenschaft zeitgenössischer dokumentarischer Bilder. In der Ära allgemeiner Ungewissheit können wir eines mit Gewissheit über sie sagen: Wir zweifeln immer schon, ob sie wahr sind.

NICHTS ALS DIE WAHRHEIT

Nun ist der Zweifel an dokumentarischen Bildern nichts Neues, sondern er begleitet sie seit ihrer Entstehung. Schon immer wurde ihr Anspruch auf die Darstellung von Wirklichkeit beargwöhnt, dekonstruiert oder als überheblich bezeichnet. Unser Verhältnis zu dokumentarischen Behauptungen stellt seit jeher eine Art uneingestandener Zwickmühle dar: Es schwankt zwischen Glauben und Ungläubigkeit, zwischen Vertrauen und Misstrauen, Hoffnung und Enttäuschung.

Dies ist auch der Grund, warum die dokumentarische Form seit jeher genuin philosophische Probleme aufwirft. Wie dokumentarische Formen Wirklichkeit abbilden bzw. ob sie dazu überhaupt in der Lage sind, ist unter Theoretikern des Dokumentarischen chronisch umstritten. Mit drastischen Worten hat Brian Winston die Debatten um die Definition dokumentarischer Wahrheit auch als »battlefields of epistemology«[2] bezeichnet. Die Schlachten, die auf diesem Feld ausgetragen werden, verlaufen zwischen relativ festgefahrenen Fronten. Die Hauptfront verläuft zwischen den Vertretern des Realismus und jenen des Konstruktivismus. Während die einen glauben, dass dokumentarische Formen natürliche Fakten abbilden, begreifen die anderen sie als soziale Konstruktionen.

Anhänger des Realismus glauben, dass die dokumentarische Form das wahrheitsgetreu wiedergibt, was wir mit unseren eigenen Augen *sehen* können – also den Augenschein einer ebenso evidenten wie objektiven Realität. Für einen Realisten wie den Filmtheoretiker André Bazin ist das fotografische Bild an sich objektiv.[3] Die Kamera ersetzt das Auge; somit können wir der

Kamera ebenso trauen wie unseren eigenen Augen. Kino und Fotografie werden in der Sicht der Realisten zu Fangnetzen der Wahrheit verklärt, zu objektiven Verlängerungen des menschlichen Wahrnehmungsapparats, der sich auf diese Weise die Welt untertan macht.[4] Ein Vorkommnis wie die CNN-Sendung wäre für Realisten nichts als eine technische Unpässlichkeit, die bald von einem übermächtigen Fortschritt behoben werden wird.

Konstruktivisten hingegen vertreten die Position, dass dokumentarische Evidenz innerhalb eines hochkodifizierten Systems entsteht und nichts weniger als objektiv ist. Nicht nur die Darstellung der Realität, auch der Begriff der Realität selbst wird als ideologisch verstanden, als opportunistische Konstruktion[5]. In anderen Begrifflichkeiten hat Michel Foucault dieses Kalkül beschrieben: als Politik der Wahrheit.[6] Die Wahrheit ist also ein Produkt, das nach bestimmten Konventionen hergestellt wird. Die dokumentarische Form bildet demnach nicht die Realität ab, sondern vor allem ihren eigenen Willen zur Macht. Nun ist diese Methode meilenweit entfernt von jener, einfach eine Handykamera auf ein Ereignis zu richten und darauf zu vertrauen, dass dessen Realität automatisch in die so entstehenden Bilder aufgesogen wird. Stattdessen wird Konstruktivisten zufolge die dokumentarische Realität ebenso durch blanke Macht erzeugt wie die Realität des Irak durch die einmarschierenden amerikanischen Bodentruppen.

Aber sowohl der Standpunkt der Realisten als auch der der Konstruktivisten sind leicht zu widerlegen. Während die Realisten an ein Kameraobjektiv glauben, das sich schon allzu oft als Kamerasubjektiv herausgestellt und treuherzig die abscheulichsten Propagandabehauptungen als Wahrheit ausgegeben hat, treiben die Konstruktivisten ihre Skepsis so weit, dass sie die Abbildbarkeit von Realität schlechthin bestreiten und zwischen Wahrheit und Falschheit keinen grundsätzlichen Unterschied mehr wahrnehmen können.[6a] Und während die Position der Realisten vielleicht naiv genannt werden kann, läuft im Gegenzug die Position der Konstruktivisten Gefahr, in einen haltlosen und zynischen Relativismus abzugleiten.[7] Zu bestreiten, dass Bilder Realität abbilden können, heißt auch, Revisionisten und Geschichtsfälschern aller Art Tür und Tor zu öffnen. An dem einen Extrem dokumentarischer Theorie befindet sich die Skylla eines naiven und technikgläubigen Positivismus, dem zufolge die Wirklichkeit automatisch von der Kamera registriert wird und Fragen der Wahrhaftigkeit sich kaum stellen. Auf der anderen Seite hingegen lauert die Charybdis einer Hölle des Relativismus, in der Fakten keinen anderen Stellenwert haben als unverhohlene Lügen. Weder die eine noch die andere Strömung sind also in der Lage, überzeugend zu beschreiben, warum dokumentarische Bilder eigentlich dokumentarisch sind.

IST DIES WIRKLICH WAHR?

Was aber sagt uns dieses Dilemma? Es sagt uns, dass es nicht darum geht, im traditionellen Streit der theoretischen Lager Partei zu ergreifen, sondern vielmehr darum, die Dringlichkeit des Problems anzuerkennen – zumal in einer Epoche, in der das Schwanken zwischen Glauben und Misstrauen, wie das Eingangsbeispiel zeigt, in die Bilder selbst integriert wird. Die ständige Unsicherheit darüber, ob dokumentarische Wahrheit möglich ist oder ob sie von vornherein verworfen werden muss, der ständige Zweifel, ob das, was wir sehen, auch mit der Wirklichkeit übereinstimmt, stellen keinen Mangel dar, der verleugnet werden muss, sondern im Gegenteil das entscheidende Charakteristikum dokumentarischer Formen. Ihr Merkmal ist die oft unterschwellige, aber trotzdem nagende Verunsicherung, die sie erzeugen, und mit ihr die Frage: Ist dies wirklich wahr?[8]

Diese Definition des Dokumentarischen ist jedoch, wie oben angedeutet, nicht von ihrem historischen Umfeld abzulösen. Denn der Zweifel an der dokumentarischen Wahrheit entfaltet sich nicht autonom, sondern im Kontext der mächtigen Ökonomien der Verunsicherung, die nicht nur der Gegenwart, sondern auch weiten Teilen des 20. Jahrhunderts ihren Stempel aufdrücken. Virulent wird er durch das allgegenwärtige Bewusstsein der Manipulierbarkeit ebenso wie durch die Ersetzung klassischer Öffentlichkeiten durch privatisierte Themenparks. Globalisierung und Transnationalisierung der Medienlandschaft erhöhen den Verwertungsdruck und die Kommerzialisierung dokumentarischer Formen.[9] Gleichzeitig erschaffen sie parallele Universen, in denen widersprüchliche Wahrheiten ungehindert nebeneinanderher existieren können. Je schneller, je ungehinderter sich einzelne Bilder verbreiten können, desto mehr wachsen auch Paranoia und Verschwörungstheorien. Je mehr Bilder über Internet oder Kanäle wie Youtube zugänglich werden, desto umstrittener ist ihre Glaubwürdigkeit. Der Zweifel wird durch die Lockerung journalistischer Standards motiviert, ebenso wie durch eine allgemeine postmoderne Skepsis.[10] Wie am Beispiel des Bildes von der Irak-Invasion deutlich wird, reagiert die dokumentarische Bildproduktion auf diese Bedingungen, indem sie den Zweifel teilweise in Form besagter Unschärferelation in die Bilder selbst integriert: Je näher am Ereignis sie zu sein scheinen, desto unklarer und nebulöser werden sie.

DIE MACHT DES ZWEIFELS

An diesem Punkt stoßen wir jedoch auf ein Paradox: Der Zweifel an ihren Wahrheitsansprüchen macht dokumentarische Bilder nicht schwächer, sondern stärker. Die dokumentarische Artikulation ist heute potenter denn je zuvor. Informationen – ob sie nun wahr sind oder nicht – lösen Kriege, Börsenkräche, Pogrome ebenso wie weltweite Hilfsaktionen aus. Sie sind weltweit und rund um die Uhr verfügbar, sie verwandeln Dauer in *real time*, Distanz in Intimität, Ignoranz in trügerisches Bescheidwissen. Sie mobilisieren die Menge, sie verwandeln Menschen in Feinde und Freunde.

Im Zeitalter der digitalen Reproduktion wirken dokumentarische Formen nicht nur auf individueller Ebene ungeheuer emotionalisierend – sie stellen auch einen wichtigen Bestandteil zeitgenössischer Ökonomien des Affekts dar. Das Bedürfnis nach objektiver, institutionell garantierter, wenn nicht gar wissenschaftlich inspirierter Seriosität, die die Glaubwürdigkeit dokumentarischer Formen ausmachte[11], wird sukzessive durch das Begehren nach Intensität ersetzt.[12] In den allgegenwärtigen Strömen der Informationsgesellschaften wird das Argument durch die Identifikation verdrängt, durch komprimierte Botschaften und Affekte, die immer stärker in die Ereignisse selbst verstrickt sind.[13] Ausgerechnet das dokumentarische Material, das staubtrocken zu sein scheint, verwandt den notorisch kühlen Verfahren der Jurisprudenz oder der Wissenschaft, erweist sich durch den mittlerweile institutionalisierten Zweifel als Umschlagplatz ebenso intensiver wie widersprüchlicher Emotionen.

Von Todesangst bis zur erleichterten Identifikation mit den Davongekommenen, vom Freudenrausch der Sieger bis zur Verzweiflung der Erniedrigten: die dokumentarische Form verheißt nicht nur die Vermittlung von Informationen, sondern auch die Teilhabe an starken und vor allem authentischen Gefühlen. In der Verschiebung vom dokumentarischen Sehen zum dokumentarischen Fühlen, vom distanzierenden Blick zum intensiven Erlebnis wird die Realität zum Event. Damit verändert sich auch die Funktion dokumentarischer Bilder. Sollte das dokumentarische Bild als Abbild der Realität zu deren Beherrschbarkeit beitragen, erhöht das dokumentarische Bild als Event ihre Genießbarkeit. Während Information, Nüchternheit und Nützlichkeit den Wert dokumentarischer Bilder in der Öffentlichkeit des Nationalstaats ausmachten, sind Intensität und schnelle Verwertbarkeit dokumentarischer Bilder Bedingung ihrer Zirkulation in globalen Bilderwelten.

Dokumentarische Formen transportieren, regulieren und verwalten ein gigantisches emotionales Potenzial, das von ihnen teils in Schach gehalten, teils explosiv freigesetzt wird. Sie bringen uns das Ferne so nah, dass es direkt unter die Haut geht, und entfremden uns umgekehrt vom Naheliegendsten. Sie intensivieren ein allgemeines Gefühl der Angst, das mehr und mehr zum politischen Instrument wird. Wie Brian Massumi gezeigt hat, richtet sich Macht jetzt direkt auf unsere Gefühle. Das Fernsehen im Zeitalter des Terrors erzeugt, so Massumi, »vernetzte Nervosität«[14]. Auch die CNN-Bilder folgen dieser Logik: Es geht nicht mehr um Information, die durch klare und sichtbare Bilder vermittelt werden könnte. Sondern eher um jene Mischung aus Panik und Erregung, die durch das bloße Gefühl, dabei zu sein, entsteht.

In diesem affektiven Modus erzeugen die dokumentarischen Formen falsche Intimität, ja sogar falsche Gegenwart. Sie machen uns mit der Welt vertraut, gewähren aber keine Möglichkeit, an ihr teilzunehmen. Sie zeigen uns Differenz und entfesseln gleichzeitig Feindseligkeit. Ihre Schockeffekte werden dadurch verstärkt, dass sie Horror und Ungläubigkeit ebenso auslösen können wie unendliche Erleichterung und Befriedigung. Der Zweifel an der Wahrheit dokumentarischer Behauptungen fügt sich in die Reihe dieser emotionalen Stimulantien ein. Gerade ihre aufgeregte Unschärfe, und nicht ihre Klarheit, verleiht ihnen eine paradoxe Macht über Menschen.

DOKUMENTARISCHE WAHRHEIT

Dies heißt jedoch keineswegs, dass wir uns über dokumentarische Wahrheit heute keine Gedanken mehr machen müssen. Dass kein Mensch genau weiß, wie sie definiert ist, ist angesichts ihrer Auswirkungen Nebensache. Paradoxerweise ist sie gerade, weil niemand mehr ungebrochen an sie glaubt, so mächtig. Die Verunsicherung, die sie provoziert, ist zentraler Bestandteil einer allgemeinen Unsicherheit, die immer stärker um sich greift. Die Konsequenzen dieser Unsicherheit sind allgegenwärtig: Sie manifestieren sich in Form von militärischen Interventionen, Massenhysterien, globalen Kampagnen, ja ganzen Weltbilder, die innerhalb von Tagen Bedeutung erlangen können.

Insofern verschiebt sich die Frage dokumentarischer Wahrheit. Denn sie betrifft nicht nur länger das Problem, ob dokumentarische Bilder mit der Wirklichkeit übereinstimmen oder nicht. Die Frage korrekter Repräsentation ist für den abstrakten Dokumentarismus von CNN zweitrangig. Diese Bilder repräsentieren nichts, zumindest nichts Erkennbares mehr. Ihre Wahrheit liegt jedoch in ihrem Ausdruck. Sie sind lebhafter und akkurater Ausdruck jener Ungewissheit, die nicht nur die zeitgenössische dokumentarische Produktion beherrscht, sondern die Welt der Gegenwart schlechthin. Was sich im hysterischen Gewackel des CNN-Bildes ausdrückt, ist die generelle Intransparenz und Verunsicherung einer ganzen Epoche. Die abstrakten Pixel, die über den Fernsehschirm wabern, sind der kristallklare Ausdruck einer Zeit, in der der Zusammenhang der Bilder mit den Dingen fragwürdig geworden ist und unter Generalverdacht steht. Sie dokumentieren die Ungewissheit der Repräsentation ebenso sehr wie ein Stadium der Visualität, das durch mehr und mehr Bilder definiert wird, auf denen weniger und weniger zu sehen ist.

Ausdruck statt Repräsentation – auf dieser Ebene geben die CNN-Bilder ihre Wahrheit preis. Auf der Ebene der Form erweist sich die Wahrheit dieser Bilder: *Die Form ihrer Konstruktion stellt das reale Abbild ihrer Bedingungen dar*. Ihr Inhalt kann mit der Realität übereinstimmen oder auch nicht – der Zweifel daran wird niemals völlig auszuräumen sein. Seine Form aber wird unweigerlich die Wahrheit sagen, und zwar über den Kontext des Bildes selbst, seine Herstellung und deren Bedingungen. Die Art, in der sich die Realität in die Form einprägt, ist mimetisch, unvermeidbar und somit unhintergehbar.

Das dokumentarische Bild repräsentiert vielleicht. Es vergegenwärtigt jedoch auf jeden Fall seinen eigenen Kontext: Es bringt ihn zum Ausdruck. Inmitten aller Verunsicherung können wir dies mit Gewissheit über dokumentarische Formen sagen. Aber viele Fragen bleiben offen. Die Bedeutung des Begriffs der Kritik etwa, der mit dokumentarischen Bildern historisch eine Art uneingestandener Symbiose eingegangen war, hat sich dramatisch geändert. Kritisch (oder genauer: *critical*) bezeichnet derzeit in Großbritannien die höchste Gefahrenstufe: einen Zeitpunkt, an dem ein terroristischer Angriff unmittelbar bevorsteht. Was bedeutet dieser drastische Wandel des Begriffs der Kritik für kritische Bilder? Wie können sie mit dieser Bedeutungsveränderung Schritt halten?

Oder anders gefragt: Wie kann eine dokumentarische Distanz zurückgewonnen werden, die den Blick auf die Welt wieder freigibt? Wo soll der Standpunkt einer solchen Aufnahme sein, wenn wir schon immer alle in die Macht der Bilder eingebettet sind? Eine solche Distanz kann nicht räumlich definiert sein. Sie muss ethisch und politisch gedacht werden, aus einer zeitlichen Perspektive. Nur aus der Perspektive der Zukunft können wir eine kritische Distanz zurückerlangen, einer Zukunft, die Bilder aus der Verwicklung in Herrschaft entlässt. In diesem Sinne darf kritischer Dokumentarismus nicht das zeigen, was vorhanden ist – die Einbettung in jene Verhältnisse, die wir Realität nennen. Denn aus dieser Perspektive ist nur jenes Bild wirklich dokumentarisch, das zeigt, was noch gar nicht existiert und vielleicht einmal kommen kann.

Können Zeugen sprechen?

Zur Philosophie des Interviews

Der Spielfilm »Tout va bien« von Jean-Luc Godard und Jean-Pierre Gorin (1972) zeigt ein ungewöhnliches Interview: Während eines wilden Streiks in einer Wurstfabrik unterhält sich eine Reporterin, gespielt von Jane Fonda, mit den Arbeiterinnen. Sie erkundigt sich über Arbeitsbedingungen, Hausarbeit und andere Aspekte ihres Arbeitslebens. Aber Godard und Gorin lassen uns nicht direkt an diesem Interview teilhaben. Wir sehen zwar das Interview, hören aber einen anderen Ton, nämlich den inneren Monolog einer Arbeiterin, die schweigend daneben steht. Sie hört zu, wie auch von ihren Arbeitsbedingungen Zeugnis abgelegt wird. Aber obwohl alle Fakten darin richtig sind, kommt ihr dieses Interview falsch vor. Mit dem Tonfall stimmt etwas nicht. Das Interview wird wieder einmal alle Klischees über Arbeiterinnen bestätigen. Es wird genauso wirken wie alle anderen auch – und nichts mitteilen. Obwohl die Fakten stimmen, ist die Tonalität falsch. Kurz gesagt: Das Interview ist blanker Kitsch. Trotz bester Absichten gelingt es der Reporterin Jane Fonda nicht, die Stimme der Arbeiterinnen zu vermitteln – gerade weil sie in den Medien zu hören ist.

In einem Interview im Film »La politique et le bonheur« artikuliert Godard selbst noch einmal das Problem. Die Arbeiter selbst reden zu lassen, sie an der Produktion des Filmes partizipieren zu lassen, heißt nicht unbedingt, sie zu Wort kommen zu lassen. Ein Arbeiter oder eine Arbeiterin, die für sich selbst sprechen, werden in den Medien als leicht minderbemittelte, jedenfalls eher bemitleidenswerte Exemplare wahrgenommen. Sie werden zu Objekten eines voyeuristischen Blicks, der an »Echtheit« interessiert ist, nicht aber an Veränderung. Was auch immer sie erzählen, ihre Rollen stehen von vornherein fest: Sie sind Betroffene, und als solche muss man sie nicht ernst nehmen.[15] Sie können reden, so viel sie wollen, aber irgendwie fehlt der Ton. Godard und Gorin sind sich dieses Dilemmas bewusst: In »Tout va bien« hören wir zwar die Stimme einer Arbeiterin – aber nur in Form ihrer stummen Gedanken.

DOKUMENTARISCHE ZEUGEN

Wenn, wie Godard und Gorin behaupten, Interviews allerdings unter bestimmten Umständen vergeblich sind, hat das für dokumentarische Formen katastrophale Konsequenzen. Denn niemand kann glaubwürdiger von einem Ereignis berichten als Zeugen, die es mit eigenen Augen gesehen oder mit eigenen Ohren gehört haben.[16] Daher gehören der Augenzeugenbericht, das Experten- oder Zeitzeugeninterview zu den verbreitetsten Methoden, die den dokumentarischen Anspruch auf die Wiedergabe von Fakten rechtfertigen sollen.

Das Misstrauen gegen die Zeugen ist trotzdem chronisch. Denn ein Zeuge kann zwar die Wahrheit sagen. Er oder sie kann aber auch lügen. Um sich gegen diese Unwägbarkeiten abzusichern, haben Rechtssysteme immer wieder neue Systeme der Überprüfung erfunden. So lautet eine alte römische Rechtsregel: *Testis unus, testis nullus* – ein Zeuge ist kein Zeuge. Mindestens zwei Zeugen müssen übereinstimmende Aussagen abgeben, um einem Bericht Glaubwürdigkeit zu verleihen. Dokumentarische Formen kopieren solche Regeln durch die Gegenüberstellung von mehreren Zeugenaussagen und Perspektiven, um durch dieses Verfahren »Objektivität« zu schaffen – ein Begriff, über den in der Dokumentarfilmtheorie chronischer Streit herrscht.[17] Aber auch diese Methode kann statt Sicherheit nur Wahrscheinlichkeit schaffen. Denn was ist, wenn beide Zeugen lügen? Eben jene Figur des Zeugen oder der Zeugin, durch die sich der Zuschauer der Wahrhaftigkeit des Gezeigten versichern soll, ist in sich selbst ungesichert. Sie balanciert an ihrer Erinnerung entlang, wie an einem Geländer, das nur in der Einbildung vorhanden ist.

Das Interview steht daher immer schon unter Verdacht. Historisch leiten sich Michel Foucault zufolge Techniken wie diese von fragwürdigen Prüfungen wie etwa dem Gottesurteil oder der Beichte ab.[18] Laut Foucault verlief die Produktion von Wahrheit im Mittelalter ungleich rabiater als heute. Man warf jemanden ins Wasser – schwamm er, so hatte er Recht, wenn nicht, so hatte er gelogen. In Wahrheitstechnologien wie dem Gottesurteil oder dem Duell entschieden der Zufall oder höhere Mächte über das Ergebnis. Neuere Wahrheitstechnologien wie das wissenschaftliche Experiment, religiöse wie die Beichte oder juristische wie die Folter oder das Geständnis[19] haben zwar komplexere Regeln, funktionieren nach Foucault letztendlich aber nach ähnlichen Prinzipien. In dieser Tradition stehen auch dokumentarische Techniken wie die Zeugenaussage oder das Interview. Sie berufen sich auf historische, juristische oder journalistische Wahrheitstechnologien.

Zeugen zu Garanten dokumentarischer Wahrheit zu machen bedeutet also, das Risiko eines eigentlich bodenlosen Vertrauens einzugehen. Denn stellen Zeugen wirklich einen ungefilterten Zugang zur Realität her? Oder ist das Zeugnis nicht fundamental opak – subjektiv gefärbt, von Interessen geprägt, von Sprachbildern verführt, in Rechthaberei verliebt? Bezeugt es nicht vielleicht eher die Realität, wie sie gewesen sein soll, als die Realität, wie sie wirklich war? Kann es von dokumentarischen Artikulationen nicht aus dem Kontext gerissen, verstümmelt oder falsch wiedergegeben werden? Zum Beispiel ohne Ton, wie das Interview der Arbeiterinnen aus »Tout va bien«?

EPISTEMISCHE GEWALT

Dass das, was gesagt wird, nicht immer gehört wird, behauptet auch die feministische Literaturwissenschaftlerin Gayatri

Chakravorty Spivak. Denn bestimmte Bevölkerungsgruppen werden prinzipiell von der gesellschaftlichen Artikulation ausgeschlossen. Sie können zwar reden, aber wir überhören sie einfach. Die Frage, die sie daher stellt, lautet: »Können Subalterne sprechen?« [20] Mit den Subalternen meint Spivak insbesondere Frauen in gleichermaßen kolonial wie patriarchal geprägten Situationen. Und die apodiktische Antwort auf ihre eigene Frage lautet: Nein. Als Beispiel für die Stummheit der Subalternen zieht sie Akten aus dem kolonialen Archiv heran, die belegen sollen, dass indische Frauen sich während der britischen Kolonialzeit »freiwillig« der grausamen Sitte der Witwenverbrennung unterzogen haben. Für Spivak beweisen diese Akten jedoch nicht den Willen der betreffenden Frauen, sondern nur die Unmöglichkeit, diesen überhaupt zu äußern. Denn wenn eine Frau in Opposition zu den Werten der Kolonialherren treten wollte, blieb ihr nur der Bezug auf die Werte des einheimischen Patriarchats übrig, das ihr vorschrieb, sich »freiwillig« zu verbrennen. In beiden Wertesystemen waren ihre eigenen Interessen somit unartikulierbar, und ein anderes gab es nicht. Spivaks Fazit: Die Subalterne spricht nicht, sie ist nicht in der Lage, von sich selbst Zeugnis abzulegen. Interviews mit ihr sind also zwecklos.

Die Lage ist ähnlich wie in »Tout va bien«. Selbst wenn die Arbeiterinnen Zeugnis ablegen, werden sie nicht verstanden. Denn ähnlich wie den subalternen Frauen wird auch ihnen nur die Übermittlung »konkreter Erfahrung«[21] zugetraut. Aber jemanden nach der »konkreten Erfahrung« zu befragen setzt implizit voraus, dass diese Person über nichts anders verfügt, dass diese Erlebnisse roh und unreflektiert sind und dass sie ihr selbst wie auch dem Publikum erklärt werden müssen. Der Begriff der »konkreten Erfahrung« diktiert eine bestimmte Form der hierarchischen Arbeitsteilung: zwischen denen, die etwas erleben, und anderen, die dieses Erlebnis verstehen und interpretieren können. Ihre angebliche Authentizität hat unmittelbare politische Effekte: Ausgerechnet die Stimmen, die ganz

»echt« klingen, werden strukturell entmündigt. Auch in der feministischen Film- und Wissenschaftskritik sind diese Probleme seit den 1970er Jahren immer wieder beschrieben worden. Im feministischen Film könne die Unterdrückung von Frauen in einer patriarchalen Gesellschaft nicht einfach eingefangen oder aufgezeichnet werden, da eben die so genannte einfache Aufzeichnung schon Teil des Problems sei, argumentierte Claire Johnson schon 1975.[22]

DER SCHMERZ DES ANDEREN

Aber der strukturelle Zweifel am Zeugnis macht uns auch zu Autisten. Wenn das Zeugnis in bestimmten Fällen vergeblich ist, zieht dies nicht nur dokumentarische Formen in Mitleidenschaft, die auf Zeugnisse angewiesen sind, um bestimmte Ereignisse so gut wie möglich zu vermitteln. Das Problem liegt viel tiefer. Denn Zeugnisse berichten nicht nur über die Welt, sondern stellen diese in einem sozialen und politischen Sinn erst her. Wenn wir den Solipsismus unserer individuellen Erfahrung überwinden wollen, können wir nicht auf das Zeugnis verzichten. Wenn wir wissen wollen, was in einem weit entfernten Krieg vor sich geht, müssen wir uns in der Regel auf Zeugnisse verlassen. Ein Zeugnis wahrzunehmen stellt ganz allgemein den Versuch dar, sich den Erlebnissen von Anderen zu öffnen. Es ist ein Schritt in die Richtung, jene paradoxe Aufgabe zu bewältigen, die Wittgenstein einmal so plastisch beschrieben hat: den Schmerz im Körper des Anderen zu fühlen.[23] Aber auch jenseits der individuellen Erfahrung nimmt das Zeugnis eine wichtige Rolle ein. Hannah Arendt hält die »Tatsachenwahrheit«, die das Zeugnis belegen soll, für die Bedingung des Gesellschaftlichen schlechthin. Sie ist, so Arendt, nichts weniger als der »Grund, auf dem wir stehen, und der Himmel, der sich über uns erstreckt«[24]. Kurz gesagt: Das Zeugnis ist zwar unzuverlässig und verunsichernd – es ist jedoch auch unverzichtbar.

Das Zeugnis wird zwar oft unterbunden oder – wie in »Tout va bien« – gar nicht gehört. Andererseits kann es auch das bezeugen, was innerhalb dieser Machtbeziehungen nicht ausgesprochen werden darf. »Selbst tödlich zerkratzt, vermag ein kleines Rechteck von 35 Millimetern die Ehre der gesamten Wirklichkeit zu retten«, schreibt Jean-Luc Godard.[25] Es kann das Unvorstellbare, das Zum-Schweigen-Gebrachte, Unbekannte, Rettende und sogar Ungeheuerliche zum Ausdruck bringen – und somit die Möglichkeit zur Veränderung schaffen.

Und entgegen aller Wahrscheinlichkeit finden sich auch in der offiziellen Geschichtsschreibung, in den hegemonialen Medien, Archiven, Diskursen und Geschichten Beispiele von Zeugnissen, die es eigentlich gar nicht geben dürfte. Sie stellen zwar nicht die Regel dar. Aber wie Spivak zu behaupten, dass sie gar nicht möglich seien, bedeutet, sie schlichtweg aus der Geschichte zu tilgen – und selbst die stummen Gedanken der Arbeiterin aus »Tout va bien« abzuwürgen.

ICH BIN EIN MUSELMANN

»Das Zeugnis enthält eine Lücke.«[26] – Zu diesem Schluss kommt Giorgio Agamben, als er die Zeugenaussagen von Überlebenden der Shoah untersucht. Diese Aussagen stellen einen absoluten Grenzfall von Zeugenschaft dar. Denn an ihrem Grund liegt ein unüberwindliches Paradox: Diejenigen, die das Konzentrationslager überlebt haben und Zeugnis ablegen, sehen sich nicht als befugt dazu an. So schreibt Primo Levi, dass nicht die Überlebenden die wirklichen Zeugen seien, sondern die Toten.[27] Über die Vernichtung können demnach nur diejenigen Zeugnis ablegen, die ihr zum Opfer gefallen sind. Aber sie sprechen nicht mehr.

Dieser konstitutive Widerspruch ist das Leitmotiv für Agambens Überlegungen über die Rolle der Zeugen. Denn infolgedessen »beruht die Gültigkeit des Zeugnisses wesentlich auf dem, was ihm fehlt, in seinem Zentrum enthält es etwas, von dem nicht Zeugnis abgelegt werden kann, ein Unbezeugbares, das die Überlebenden ihrer Autorität beraubt«[28]. Das Zeugnis ist demnach gleichzeitig notwendig und unmöglich, es bezeugt seine eigene Unmöglichkeit. Diese Unmöglichkeit wird laut Agamben in der Gestalt des Muselmanns verkörpert. Der Muselmann ist ein Häftling, der seinen Lebenswillen verloren hat und an der Grenze zum Tod dahinvegetiert. Er ist nicht mehr in der Lage zu sprechen – und was der Überlebende in seinem Namen bezeugen kann, ist nur vermittelt und unvollständig.

Agamben kommt zu dem Schluss, dass die Spaltung des Zeugnisses nicht aufgehoben werden kann. Der Zeuge wird zum Zeugen insoweit, als er über die Unmöglichkeit des Zeugnisses berichtet. Was diese Zeugen zum Ausdruck bringen, ist das Dilemma, das gleichzeitig ihre Aufgabe bildet. Das Zeugnis ist also nicht nur unmöglich. Es ist gleichzeitig auch unentbehrlich. Auch wenn der Muselmann nicht spricht, muss jemand für ihn sprechen.

Damit aber nicht genug: Agambens Buch endet mit der überraschendsten aller Zeugenaussagen, nämlich Zeugnissen, die es eigentlich gar nicht geben darf. Eines von ihnen beginnt mit den Worten: »Ich bin ein Muselmann.«[29] In diesen Zeugnissen berichten diejenigen, von denen behauptet wird, dass sie dazu nicht in der Lage seien. Wie durch ein Wunder sind aber einige von ihnen ins Leben zurückgekehrt und berichten über ihr Dasein als »Muselmänner«. Diese unwahrscheinlichen Berichte bezeugen gleichzeitig das punktuelle Versagen faschistischer Gewalt wie auch ihre äußerste Wirksamkeit. Als absolute Ausnahmen bestätigen sie die Regel. Sie heben, so Agamben, das Paradox nicht auf, sondern bestätigen es »aufs Genaueste«[30]. Obwohl sie eigentlich nicht möglich sind, gibt es sie.

Von einem anderen Fall, diesmal in Bezug auf Bilder, berichtet der Kunsthistoriker Georges Didi-Huberman.[31] In seinem Text »Bilder trotz allem« (»Images malgré tout«) beschreibt er Bilder, die eigentlich unwahrscheinlich sind: die einzigen vier überlieferten Bilder, die von Lagerinsassen des KZ Auschwitz gemacht wurden. An anderen Bildern von Auschwitz herrscht kein Mangel. Obgleich das Lager ein Territorium war, in dem unkontrollierte Fotografie strengstens verboten war, gab es dort nicht nur eine, sondern zwei Dunkelkammern. Der größte Teil der Fotos, die dort gemacht wurden, diente polizeilichen Zwecken. Etwa 40.000 Bilder haben die Zerstörung der Archive vor der Befreiung des Lagers überdauert.

Die einzigen vier erhaltenen Bilder, die von Häftlingen gemacht wurden, stehen dagegen in einem ganz anderen Zusammenhang. Sie wurden von einem Mitglied des so genannten Sonderkommandos gemacht, um einen visuellen Beweis für die Massenvernichtung zu erbringen. Damit die Fotos gemacht werden konnten, schmuggelte der polnische Widerstand zunächst eine Kamera ins Lager. Dann wurde ein komplizierter Plan entworfen, um die SS-Wachen abzulenken. Erst dann gelang es einem Mann namens Alex, die vier Fotos aufzunehmen. Auf zwei der Fotos sind Verbrennungen von Leichen unter freiem Himmel zu sehen. Ein weiteres zeigt Frauen auf dem Weg zur Gaskammer. Das letzte Foto ist das rätselhafteste. Es zeigt Äste und ein Stück Himmel.[32]

Diese Fotos bilden nicht nur die Tatbestände des Massenmordes ab, sondern bringen auch die Umstände und den Blickwinkel ihrer eigenen Entstehung zum Ausdruck. Vor allem im vierten Bild, das nur verwackelte Äste und Himmel zeigt, haben sich Hast und Gefahr nahezu unmittelbar im fotografischen Korn selbst abgedrückt. In diesem Bild kommt die historische Konstellation, die Situation totaler Überwachung, Verfinsterung und Bedrohung, in der diese Fotos entstanden sind, zum

Ausdruck: durch Blickwinkel, Unschärfe, Verlust der Kontrolle über den Kader.

Natürlich stellen diese Fotos allein noch keine Beweise im kriminalistischen oder im strengeren historischen Sinne dar. Erst aus einer Rekonstruktion des historischen Umfeldes lässt sich bis zu einem gewissen Grad ersehen, was die Fotos genau repräsentieren, wo sie aufgenommen wurden, wann und in welchem Kontext.[33] Aber wenn dieser Kontext selbst einen bildlichen Ausdruck hat, zeigt er die unendliche Anstrengung, die es erforderte, diese wenigen und fragmentarischen Bilder herzustellen.

Diese Bilder sind ebenso unwahrscheinlich wie die Zeugenaussagen der so genannten Muselmänner. Zu ihrer Verhinderung wurde eine nicht nur epistemische Gewalt ungeheuren Ausmaßes aufgeboten – und trotzdem existieren sie. Zu behaupten, dass dies gar nicht möglich ist, ist schlicht falsch. Das Ergebnis einer solchen Behauptung: Auch die Dokumente, die trotz aller Widerstände produziert wurden, werden aus der Geschichte ausgelöscht. Aber auch die vier Bilder der Häftlinge sind, wenn man so will, stumm geblieben. Denn obwohl sie aus dem Lager geschmuggelt werden konnten, blieben sie ohne Wirkung.

Paläste der Erinnerung

Dokumente und Monumente – Politik des Archivs

Was macht man mit einem Dokument? Der Philosoph Michel Foucault nennt zwei Möglichkeiten.[34] Die erste, historische Methode fragt danach, was das Dokument bedeutet, ob es die Wahrheit sagt, ob es authentisch oder gefälscht ist.[35] Das Dokument wird als Spur eines Ereignisses verstanden, das rekonstruiert werden soll. Die zweite, archäologische Methode verfährt anders. Sie versucht nicht länger das Dokument zu interpretieren, sondern ordnet es an, organisiert es, verteilt es auf Ebenen oder in Serien.[36] Sie fragt nicht danach, worauf das Dokument im Negativen verweist, sondern welche materielle Positivität es selbst herstellt. Geschichte versus Archäologie: die erste Methode nimmt das Dokument als negativen Abdruck eines für immer verlorenen Ereignisses wahr, während die zweite das Dokument als Baustein positiver Wissensarchitekturen begreift.

Laut Foucault verwandelt die historische Methode die Monumente der Vergangenheit in Dokumente.[37] Ereignisse werden in Spuren verwandelt, die auf das Fehlen des Ereignisses verweisen. Die archäologische Methode hingegen verwandelt umgekehrt Dokumente in Monumente[38] und untersucht, welche Wissensarchitekturen durch bestimmte Anordnungen von Dokumenten entstehen – etwa Aktenberge, Register, Archive und andere Konstruktionen der Erinnerung. Sie legt – wie in einer archäologischen Ausgrabung – das Verhältnis der einzelnen Artefakte oder Dokumente zueinander fest. Während die historische Verfahrensweise uns an das Problem der Zeugenschaft erinnert, verweist die zweite Methode auf das Problem des Archivs.

Die Ordnung des Archivs ist einer bestimmten Politik der Wahrheit verpflichtet, die ihre Aussagen als wahre autorisiert. Sie entscheidet darüber, welche Dokumente ins Archiv gelangen und welche dafür unerheblich sind, welche Quellen als glaubwürdig gelten und welche als unglaubwürdig verworfen werden. Das Archiv gehört zu den wichtigsten Monumenten, in denen Dokumente in scheinbar neutralen, oft aber geradezu fantastischen Informationsarchitekturen angeordnet werden. Und um zu verstehen, wie diese Anordnungen gebaut sind, liefert eine alte Figur der Rhetorik ein treffendes Sinnbild. Die Rede ist vom Palast der Erinnerung.

EIN SOFA ALS ARCHIV

Gegen Ende des 16. Jahrhunderts kam der Jesuit Matteo Ricci nach China. Unter den Künsten, die er dort lehrte, war auch der Bau so genannter Paläste der Erinnerung. Die Konstruktion solch imaginärer Paläste war ursprünglich eine Technik griechischer Rhetorik. Wenn jemand sich eine Rede merken wollte, legte er die einzelnen Elemente seines Referats in bestimmten Räumen seines Gedächtnispalasts ab. Dieses Fantasiegebäude war ein Baukasten, um Erinnerungen zu sortieren. Nach Ricci gibt es drei Methoden zum Bau eines solchen Palastes. Die erste nimmt sich reale Gebäude zum Vorbild, die zweite schafft gänzlich fiktive Konstruktionen, und die dritte fügt realen Gebäuden fiktionale Teile hinzu. Die Größe des Palastes hängt von der Menge der Erinnerung ab. Die größten dieser Gebäude haben hunderte verschiedener Räume. Aber auch bescheidenere Bauwerke sind möglich, etwa Tempelanlagen, Regierungsgebäude, Hotels oder Sitzungssäle. Sogar ein Sofa ist schon ein Ausgangspunkt, um einen Palast der Erinnerung zu konstruieren.

Nach einigen Jahren der Übung wurden die Paläste der Erinnerung so real, dass ihre Architekten mit geschlossenen Augen durch sie reisen konnten. Auch Theater der Erinnerung wurden entworfen, in denen universelle Ideen durch Statuen repräsentiert wurden. Sogar ganze Städte der Erinnerung wurden erfunden. Der Philosoph Tommaso Campanella (1568–1639) entwarf eine solche Stadt, die aus Stadtmauern, Häusern,

Gärten bestand. Erinnerung an Orte zu binden – und sie räumlich zu organisieren – ist ein System mit einer langen Tradition. Aber nicht nur in der Fantasie, sondern auch in der Realität entstehen Erinnerungspaläste in Form von Archiven, Bibliotheken oder virtuellen Informationsarchitekturen. Der Unterschied zu den frei erfundenen Erinnerungsarchitekturen ist vor allem, dass sie ihren fantastischen und immer auch fiktiven Ursprung hinter einer Fassade der Neutralität verbergen.

Dokumentarische Arbeiten sind Paläste der Erinnerung, die im Gegensatz zu Archiven Dokumente nicht nur im Raum, sondern auch in der Zeit ordnen. Beide erfüllen jedoch eine ähnliche Funktion: Sie sortieren Dokumente, bewahren sie auf und stellen Zusammenhänge zwischen ihnen her. Die Vorstellung, dass Dokumente eine Art Unterkunft brauchen, in der sie nach Belieben arrangiert werden können und vor unerlaubtem Zugriff geschützt sind, spiegelt sich auch im Begriff des Archivs selbst wider. Wie Jacques Derrida anmerkt, ist das Wort Archiv vom griechischen *archeîon* abgeleitet, das ursprünglich ein Haus, ein Domizil, eine Adresse und die Residenz der Stadtoberen, der Archonten bezeichnete.[39] Die Archonten hatten nicht nur die legislative Gewalt inne, sondern auch das Recht, die Dokumente zu ordnen und zu interpretieren. Diese wurden in ihrem Haus und unter ihrer Autorität aufbewahrt. Die Archonten herrschen, sie machen das Gesetz und verwahren die Dokumente. Das Archiv ist daher ein Ort, an dem sich Macht und Wissen durchdringen und an dem Dokumente nicht nur bewacht, sondern auch überwacht werden. Es funktioniert daher wie ein Hort oder Schutzraum. Das Archiv schützt die Dokumente. Es schützt sich laut Derrida aber auch vor den Erinnerungen, die es beherbergt, indem es sie vergisst.[40]

Das Archiv vereint widersprüchliche Funktionen, es kombiniert historische und archäologische Methoden, es erinnert und vergisst gleichermaßen, ja, man könnte sogar sagen, dass es ein systematisches Vergessen erinnert. Das Archiv rettet nicht unbedingt einzelne Stimmen oder Ereignisse, die auf immer vergessen sein können. Aber der Kontext dieser Ereignisse sowie die Ordnung, die sozusagen ihr Vergessen organisierte, sind im Archiv meist gespeichert. Wenn das individuelle Gedächtnis versagt oder unterdrückt wird, bleibt immer noch der Rückgriff aufs kollektive Gedächtnis und auf dessen materiell existierende Informationsarchitekturen. Insofern ergänzen sich historische Lücke und archäologische Fülle. Ein Beispiel für diese Wechselwirkung ist ein älterer dokumentarischer Videoessay, in dem die Widersprüche des Archivs und die Koexistenz von Erinnern und Vergessen, Geschichte und Archäologie offenbar werden: »History and memory« von Rea Tajiri (1991).

DIE VOGELPERSPEKTIVE DER GEISTER

»History and Memory« ist eine Reflexion über die Internierung japanischstämmiger Amerikaner im 2. Weltkrieg, unter denen sich auch Tajiris Familie befand. Während der Vater als US-Soldat im Pazifikkrieg kämpfte, wurde der Rest der Familie als feindliche Ausländer ins Lager Manzanar verbracht. Insgesamt wurden über 120.000 Menschen interniert. Erst 1980 erklärten amerikanische Gerichte diese Praxis rückwirkend als unrechtmäßig.

»History and Memory« kombiniert individuelles Gedächtnis und offizielle Geschichtsversionen der Internierung. Während das Gedächtnis (*memory*) sich auf die lückenhaften Erinnerungen der Zeugen stützt, besteht Geschichte (*history*) aus den massenmedialen und populärkulturellen Darstellungen der »enemy aliens«. Das private, mangelhafte und unterdrückte Gedächtnis wird mit der nationalen und populärkulturellen Geschichtsschreibung kontrastiert; das Monument ersetzt das fehlende Dokument. Denn natürlich zeigt uns ein Querschnitt durch das Archiv amerikanischer Populärkultur ein ganz anderes Bild der Lagerhaft und allgemeiner des Pazifikkriegs als die Erinnerungen der Internierten. Aber die Bilder der Massenmedien sind genauso unzuverlässig wie die Erinnerungen der

Zeugen. Während die Zeugen an Amnesie leiden, wird das kollektive Gedächtnis durch Kriegspropaganda verzerrt. Beide Formen von Gedächtnis widersprechen einander nicht nur, sie formen auch kein kohärentes Ganzes.

In einer Schlüsselszene des Films wird in Lauftiteln – und aus der Sicht von Geistern aus 30 Metern Höhe – beschrieben, wie das Haus von Tajiris Familie von Arbeitern auf einen Lastwagen verladen und an einen unbekannten Ort verbracht wird. Die Stimme des Vaters im Off erklärt, dass Japaner zu dieser Zeit keine Immobilien besitzen durften. Die Navy beschlagnahmte sein Haus, während er in der Armee war, und das Haus verschwand für immer. Ein Bild von dieser Szene existiert nicht. Andere Bilder von Pearl Harbour und seinen Folgen existieren hingegen in Hülle und Fülle: Dokumentar- und Spielfilme vom Angriff der kaiserlich-japanischen Truppen auf die amerikanische Marinebasis, patriotische Musicals, Wochenschauen über die Internierung, John-Ford-Filme, Ausweispapiere mit dem Stempel »enemy alien«, eine Szene aus einem Kriminalfilm mit Spencer Tracy. Tajiri ordnet diese Dokumente zu Architekturen der Erinnerung an, zu Montageserien, mit denen eine Bresche durch das nationale Imaginäre geschlagen wird. Das Video rekonstruiert den kollektiven Palast der Erinnerung, den das populärkulturelle Gedächtnis Amerikas für die Internierung der japanischstämmigen Amerikaner errichtet hat. Gleichzeitig verzeichnet es auch das Fehlen anderer Bilder und der Erinnerung jener japanischstämmigen Bewohner der USA, die zwischen die Fronten des Pazifikkriegs gerieten und von der US-Regierung mittels eines klaren Verfassungsbruchs in Sippenhaft genommen wurden.

BEYOND MANZANAR

In einer 3D-Virtual-Reality-Installation mit dem Titel »Beyond Manzanar« bearbeiten Zara Houshmand und Tamiko Thiel ebenfalls Dokumente, die sich auf das Internierungslager Manzanar beziehen. In dieser Arbeit verwandelt sich das Lager für die Japanese-Americans in einen interaktiven Palast der Erinnerung. Der Zuschauer kann sich mit einem Joystick durch das Lager Manzanar navigieren. In den virtuell rekonstruierten Baracken sind bestimmte Dokumente abgelegt, Fotos, aber auch Zeitungsartikel, die über die Internierung berichten. In »Beyond Manzanar« wird also die Lagerarchitektur in eine Art Archiv umfunktioniert.

Dieser Palast der Erinnerung hat eine paradoxe Eigenschaft. Einerseits werden Dokumente virtuell darin verortet. Zum anderen ist dieser Ort – das Lager – aber auch der Schauplatz einer mehrfachen Entortung. Einmal die der Internierten, die von der gesamten amerikanischen Westküste in dieses Lager verbracht wurden. Um es errichten zu können, wurden die ehemaligen Einwohner, Native Americans, aus ihrer Reservation vertrieben. Zudem schufen die Internierten auch eigene imaginäre Architekturen in Manzanar, auf die die Installation Bezug nimmt. Sie errichteten Gärten, die eine Nachbildung der heiligen Inseln und Teiche des buddhistischen westlichen Paradieses darstellten. Paradies und Lager, jenseitige Heimat und diesseitige Entortung überblenden einander an diesem seltsamen Ort. Das Lager wird in dieser Arbeit zu einem Archiv, das die zwei Bedeutungen des griechischen Wortes *arché* aufgreift, die Derrida beschreibt. Auf der einen Seite bedeutet *arché* einen Beginn, einen Anfang (*commencement*), auf der anderen einen Befehl, eine Order (*commandement*).[41] Wenn das Paradies der Ort ist, von dem im mythologischen Sinne alles ausgeht und der einen Anfang darstellt, so ist das Lager der Ort, der der Autorität, der Souveränität, dem Befehl, wenn auch nicht unbedingt dem Gesetz unterworfen ist. In den seltsamen Paradiesgärten von Manzanar koexistieren *commencement* und *commandement*, Beginn und Befehl, die unzähligen Möglichkeiten, die ein Anfang verheißt, und das rigide Regime autoritärer Strukturen, die Verheißung amerikanischer Gleichberechtigung und die Realität der Benachteiligung bestimmter Bevölkerungsgruppen.

Der triumphale Positivismus des Monumentalen, den Foucault hervorhebt, gerät angesichts dieses brüchigen, schwankenden und weitgehend vergessenen Monuments ins Wanken. Sind die Paradiesgärten Monumente einer vergessenen Vergangenheit oder Dokumente einer jenseitigen Zukunft? Oder gehören sie einer anderen Ordnung an, die jenseits des Zwiespalts von individueller und kollektiver Erinnerung, zwischen der Positivität des Monuments und der Negativität des Dokuments steht?

SCHRIFTVERKEHR

Das Archiv: ein gigantischer Berg aus Dokumenten. Als habe sich das 20. Jahrhundert hinter einer Festung aus Papier verschanzt. Ihre Bauteile: Korridore, Ärmelschoner, Bürokratie. Sanja Ivekovićs Installation »Searching for my mother's number« arbeitet mit Relikten aus dieser vielleicht im Verschwinden begriffenen Welt. Mehrere Videos laufen in dieser Installation parallel. Das erste besteht fast ausschließlich aus Bildern eines Tagebuchs, dessen Text im Off verlesen wird. Das zweite besteht aus Bildern offizieller Amtsschriftstücke. Während das Tagebuch von der Inhaftierung von Ivekovićs Mutter in Auschwitz erzählt, belegen die amtlichen Schriftstücke einen über 30-jährigen Kampf mit der Bürokratie um eine Invalidenrente. Die Version der Mutter wurde offiziell nicht anerkannt, ihre Geschichte nicht geglaubt.

Die Arbeit stellt auf sehr einfache Weise die Macht von Archiven und Dokumenten aus. Das offizielle Archiv erkennt die individuelle Geschichte nicht an, es demonstriert seine archontische, patriarchale Macht. Das Archiv sammelt nicht nur Zeichen und hält sie unter Kontrolle, sondern es erzeugt auch den Eindruck nahtloser Kontinuität, einer natürlichen, selbstverständlichen und transparenten Ordnung. Es stellt ein Korpus dar, dessen Elemente in idealer Konfiguration organisiert sind und eine auf den ersten Blick glatte und kontinuierliche Oberfläche bilden: Effekte einer Politik des Archivs.[42] Die Politik des Archivs wird im bürokratischen Schriftverkehr sichtbar. Das Tagebuch ist handgeschrieben, die amtlichen Dokumente sind mit der Schreibmaschine auf dünnes Durchschlagspapier getippt. Die zwei verschiedenen Arten von Schrift in Ivekovićs Arbeit dokumentieren zwei verschiedene Formen archivarischer Wahrheitspolitik – eine offizielle und eine individuelle. Aber nur eine Art von Schrift wird offiziell anerkannt, die maschinengeschriebene der Bürokratie. Das offizielle Monument und das individuelle Dokument werden entlang binärer Bruchlinien klar voneinander abgegrenzt.

DIE EINZIGE ZEUGIN

Aber sind das Archiv und seine Ordnungsprinzipien wirklich nur rabiate Macht- und Entfremdungsmechanismen, Apparate der Unterdrückung und Heuchelei, wie Ivekovićs Arbeit suggeriert? Oder müssen Dokumente nicht auch in ein Verhältnis zu anderen gesetzt werden, damit etwas über ihren Kontext in Erfahrung gebracht werden kann? Stellt die alte römische Rechtsregel: *Testis unus, testis nullus* (»Ein Zeuge ist kein Zeuge«) nicht auch einen Schutz vor einer möglichen extremen Verfälschung oder Subjektivierung von Geschichtstatsachen dar? Das Archiv – oder Monument – erfüllt auch die Funktion, Dokumente aufeinander zu beziehen und in einen sinnvollen Kontext zu stellen. Dieser Kontext ist notwendig, um keine falschen oder voreiligen Schlüsse aus einzelnen oder vereinzelten Aussagen zu ziehen. Denn gerade das visuelle Dokument verweist nicht nur auf das Ereignis. Wenn es als eine Art Schaustück aus seinem historischen Kontext gerissen wird, setzt es auch eine Art von fantastischem Überschuss frei: ein ikonisches Potenzial des Spektakulären und eine affektive Energie, durch die es weit über sich selbst hinausschießt und zur mythologischen visuellen Floskel werden kann, zum Erregungsauslöser und Katalysator voyeuristischer Schaulust. Das einzelne Dokument kann, aber muss nichts mit der Realität zu tun haben, auf die es sich bezieht. Es kann auch sein eigenes, singuläres, fantastisches und selbstreferenzielles Universum ausbilden[43] und zum monadischen Monument seiner selbst mutieren. In diesem Fall obsiegt die affektive Wirkung eines Dokuments über seine Kontextualisierung, das scheinbar unvermittelte Erlebnis über die Reflexion, das Spektakel seiner Effekte über die Lektüre seiner historischen und sozialen Bezüge. Das Dokument reißt sich aus seinem Kontext los und wird zu einem singulären Ereignis, das mit dem Betrachter auf der Ebene des Imaginären in Verbindung tritt und als Katalysator des Begehrens libidinöse Energien freisetzt.

Das Archiv ist also horizontal gespalten. Einerseits stellt es ein Territorium dar, das klare Verhältnisse zwischen einzelnen Dokumenten festlegt, sie verortet und verankert. Gleichzeitig können einzelne Dokumente – oder Sektionen des Archivs – sich aus dieser Verankerung losreißen und Verbindungen eingehen, die von anderen Logiken als der klassisch archontischen bestimmt werden, etwa der Logik des Begehrens, der Fantasie oder des Kapitals.

Diese Spaltung zwischen kontextueller Verortung und imaginärer Entortung verläuft auch mitten durch einzelne visuelle Dokumente hindurch: Metaphorisch gesprochen zerfallen sie in eine Vorderseite und eine Rückseite. Während die visuelle Vorderseite der Bilder als dekontextualisiertes Spektakel wahrgenommen werden kann, verortet die Rückseite mit ihren Vermerken und Herkunftsnachweisen sie im Zusammenhang anderer Dokumente und archivarischer Logiken. Ohne historischen Kontext kann ein Bild alles Mögliche bedeuten. Erst der Zusammenhang mit anderen Bildern, Texten und Tönen klärt uns jedoch darüber auf, was es wirklich zeigt. So zumindest argumentiert die Arbeit »Schwarz auf Weiß« der Künstlerinnengruppe Klub Zwei[44], ein Videoband von etwa 5 Minuten über den Gebrauch von Bildern der Shoah. Die belichtete Vorderseite von Fotografien, die immer wieder eingängige, ikonisch starke Szenen zeigt, hat die Tendenz, sich zu verselbstständigen, sich als Chiffre für den Vernichtungsprozess festzusetzen und diesen gleichzeitig zu spektakularisieren und zu entkontextualisieren. Die Rückseite der Bilder hingegen ist mit ihren archivarischen kontextualisierenden Annotationen und Vermerken weniger dramatisch. Der Reiz des realistischen fotografischen Bildes und die Singularität seiner Perspektive sind attraktiver als die mühsame und oft staubtrockene Einordnung des Bildes in einen spezifischen historischen Zusammenhang. »Das Bild als Symbol zu verwenden und nicht als Dokument, ist bis heute die Praxis«, so eine These der Texttafeln, die die visuelle Ebene des kurzen Videos bilden. Als Symbol, das heißt: als ikonischen Reizauslöser. Das Bild hingegen als Dokument zu lesen bedeutet, es in einen übergeordneten archivarischen Zusammenhang zu stellen.

Clement Chéroux, dessen Text *Du bon usage des images*[45] durchgehend in den Texttafeln zitiert bzw. zusammengefasst wird, insistiert darauf, dass es gegenüber dem frei vagabundierenden affektiven Potenzial des Visuellen gerade die Rückseite sei, die das Bild in ein Verhältnis mit anderen setze und somit lesbar mache: »Die Rückseite enthält Spuren der Geschichte, Spuren der Geschichte des Bildes. FotografIn. Sichtvermerk der Zensur. Stempel einer Behörde. Papiermarke. Stempel eines Presseorgans.«[46] Es sind gerade diese Zeichen bürokratischer Akribie, die Zeichen interpretativer und symbolischer Macht, die Insignien der Archonten, die Chéroux als Garanten der Seriosität gegenüber einem unkontrollierbaren ikonischen Potenzial ansieht, das einzelne Bilder zu frei flottierenden Reizauslösern und Vehikeln eines möglichen Spektakels macht. Gerade der Aspekt des Monumentalen – die Serialisierung und Einordnung der Dokumente in stabile Gedächtnisarchitekturen –, der traditionell meist Ausdruck interessengeleiteter Wahrheitspolitik ist, gewährt für Chéroux einen Schutz vor dem bedrohlichen und exzessiven Charakter einzelner Bilder, deren phantasmatischer

Überschuss auf einem unendlichen Markt konkurrierender Bilder sogleich in Tauschwert umgesetzt werden kann. Dieser Form der Ausbeutung entzieht sich »Schwarz auf Weiß«, in dem es völlig auf die »Vorderseite« der Bilder verzichtet. Das Band besteht auf der Bildebene ausschließlich aus Texttafeln und weißen Flächen. Auf der Tonebene kommentiert eine Archivarin die Spektakularisierung der Bilder und ihre Inflationierung, die auch visuelle Auswirkungen hat. Denn je öfter Fotos voneinander abgezogen werden, desto höher wird der Kontrast, sodass am Schluss theoretisch nur noch schwarze und weiße Flächen übrig bleiben: »Jede Generation von Kopien erhöht den Kontrast. Grautöne und Details verschwinden. In der x-ten Generation dominieren Schwarz und Weiß.«[47]

Diese relativ kulturpessimistische Diagnose konstatiert allerdings keine Sackgasse, sondern markiert den Punkt eines Umschlags. Denn in dem Moment, in dem die Bildinformation sich wegen Überbeanspruchung auflöst, eröffnet sich auch ein Ausweg aus der Indienstnahme der Bilder. In dieser Situation, in der Bilder metaphorisch gesprochen zu Tode vervielfältigt wurden, in der sie ausgelaugt sind und ihren Inhalt fast verloren haben, im Paroxysmus der Konkretion also, schlägt das Bild in eine monochrome Abstraktion um, die es wieder lesbar machen und somit seinem Kontext zurückerstatten kann. Das Spektakuläre des Dokuments kollabiert an seinem Höhepunkt und schlägt in sein Gegenteil um, in schiere Abstraktion – schwarze und weiße Flächen.

Erst in diesem Moment, erst dann, wenn wir nicht nur die »Rückseite« der Bilder mit ihren Vermerken, Stempeln und kryptischen Kürzeln berücksichtigen, sondern auch den gesamten Kontext ihrer Produktion und Zirkulation, wird ihr Versprechen, Realität zu repräsentieren, gerettet. So definiert »Schwarz auf Weiß« das Verhältnis von Monument und Dokument als wechselseitiges Verhältnis, als notwendiges Oszillieren zwischen der dokumentarischen Konkretheit des Visuellen und der Abstraktion archäologischer Archivarbeit, zwischen individueller Perspektive und kollektivem Gedächtnis, zwischen Affekt und Kontext, zwischen Ikone und Symbol. Im Gegensatz zur Arbeit von Iveković wird hier auch den klassischen Insignien archivarischen Machtwissens eine wichtige Bedeutung zugestanden. Und was Walter Benjamin als Zeichen der Barbarei am Dokument interpretierte[48], nämlich die Spuren eines selbstgewissen Machtwissens, verhindert in diesem Fall auch seine haltlose Dekontextualisierung.

DER STEMPEL DER BARBAREI

Das Archiv beherbergt also zwei gegenläufige Dynamiken: eine, die der »Vorderseite« der Bilder entspricht, und eine, die sich auf ihre »Rückseite« bezieht. Während die erste dazu tendiert, das Bild aus seinem Kontext loszureißen und zu singularisieren, bindet die zweite das Bild in einen stabilen Zusammenhang ein. Während die erste entortet, verortet die zweite, während die erste affektiv konnotiert ist, ist die zweite reflexiv. Insofern können wir das Archiv als eine Art Verkehrskreuzung zwischen beiden Arten der Zirkulation verstehen. Das ist auch die Ansicht von Alan Sekula in seinem Text »The body and the archive«[49]. Sekula zufolge vermittelt das fotografische Archiv zwischen diesen zwei Ebenen, zwischen Gebrauchs- und Tauschwert von Bildern, zwischen ihrem affektiven und informativen Charakter. Es ist auf der einen Seite durch ökonomische, auf der anderen durch historische Logiken bestimmt. Ein Archiv vermittelt Bedeutungen und Eigentumsverhältnisse – nicht an den Bildern an sich, sondern am Recht, sie zu interpretieren und in neue Kontexte einzubinden. Es ist ein Marktplatz, auf dem Bilder als Waren gehandelt werden, aus ihrem ursprünglichen Kontext gerissen und in neue eingebunden werden.

Sekula entwirft implizit zwei verschiedene mögliche Territorien von Bildern, die im Archiv koexistieren und vermittelt werden. Das erste entspricht einer Landschaft, die von wilden Flüssen von Begehren und Kapital geprägt ist und das visuelle

Dokument in einen unkontrollierbaren Strudel frei flottierender Tauschwerte, libidinöser Investitionen sowie hemmungsloser und tendenziell beliebiger Rekontextualisierungen reißt. Innerhalb dieser Dynamik wird das dokumentarische Bild vor allem als authentisch-affektive Ikone, als direkter Zugang zum Ereignis und als frei flottierendes Konsumprodukt wahrgenommen, als paradoxes Objekt, das gleichzeitig real und hyperreal ist. Das zweite Territorium verortet das Bild hingegen in einer monumentalen archontischen Informationsarchitektur, die oftmals von Nation und Tradition bestimmt und von historischem Kontext gesättigt ist. In diesem Raum ist das Bild eingebettet in stabile, oft bleierne Verhältnisse, in einen papierenen Irrgarten archivarischer Querverweise und Katalognummern. Es bekommt einen fest definierten Platz in einer hierarchischen Ordnung der Dokumente zugewiesen. Es wird als Symbol interpretiert, das weniger auf einen Referenten verweist als auf die Konventionen, in denen es festgesetzt wurde. Sein Gebrauchswert verweist auf seine Verankerung in einem klar definierbaren Ursprung, innerhalb einer Familie verwandter Dokumente. Während das erste, hochdynamische Gebilde gemäß der Logik von Begehren und Kapital organisiert ist, folgt das zweite, statischere nur zu oft den Prinzipien der Nationalkultur und der ihr inhärenten archontischen Logik.

Wie »Schwarz auf Weiß« optiert auch Sekula tendenziell für eine Kritik der ersten Dynamik zugunsten der letzteren. Das Dokument als ästhetisches Spektakel erscheint ihm gerade im Kontext einer breiteren Analyse der Ökonomie von Bildern problematisch.[50] Denn wenn die affektiv-spektakuläre Komponente des Dokuments betont wird, dann wird das Archiv von einem Ort, an dem Geschichte produziert wird, zu einer Art Zoo, in dem diese sozusagen als solche zu besichtigen ist. Es verwandelt sich eine Art Table-Dance-Bar, in der Geschichte nackt auf den Tischen tanzt. Wenn der visuelle Aspekt einzelner Dokumente zugunsten des kontextuellen überhand nimmt, wird Geschichte als authentisches, realistisches Spektakel reinszeniert, das Gefühle auslöst, die, wie Sekula schreibt, zwischen Nostalgie, Horror und einer überwältigenden Exotisierung der Vergangenheit schwanken. Die Vergangenheit wird ästhetisiert und verfremdet, sie wird zu etwas Anderem gemacht, das möglicherweise aufregende Schauer erzeugt, aber gerade dadurch auf Distanz gehalten werden kann.

DAS MONUMENT ALS SPEKTAKEL

Aber sollen wir Sekula wirklich in seiner Kritik folgen? Wenn nämlich die affektive Ordnung des Spektakels fast immer von den Gesetzmäßigkeiten des Kapitals bestimmt wird, welcher Logik folgt dann die Ordnung des historischen Kontexts? Ist das nicht die Logik der Verankerung in einem festen Ursprung, in einem Territorium mit autoritären Machtverhältnissen und archontisch-patriarchaler Logik? Gibt es nicht Bilder, die aus ihrer festen Verankerung in staatstragenden und machterhaltenden Verhältnissen gerissen werden müssen, aus den propagandistischen oder patriotischen Monumenten, in die sie eingebunden sind? Die Herstellung unerwarteter Zusammenhänge zwischen einzelnen Elementen, die Subversion archontischer Logik, die Befreiung der Interpretation kann einen Ausweg aus dem Dilemma darstellen. Das Archiv wird in individuellen Reinterpretationen umgebaut, auseinander genommen, neu zusammengesetzt, ästhetisiert. Gewohnte Fiktionen, die schon wie Wahrheiten aussahen, werden durch Wahrheiten in fiktionaler Form ersetzt. Das neutralisierte Monument des Archivs, die Datenserien, Aktenberge oder jene statistischen Kurven, nach denen die Kontrollgesellschaft ihre regulativen Funktionen ausrichtet, erweist sich in diesen neumontierten Konstellationen als neurotisches Phantasma. Die neuen Bilderserien verweisen weniger auf das Ereignis als vielmehr auf die ästhetische Sensibilität ihrer Zusammenstellung – sie werden zu opaken Mitteln ohne Zweck.[51]

Eine solche radikale und fantastische Reorganisierung des Archivs findet sich etwa im Video »Dial H-I-S-T-O-R-Y« von Johan Grimonprez (1999). »Dial H-I-S-T-O-R-Y« ist eine wildgewordene Chronologie terroristischer Flugzeugentführungen von den Anfängen des Flugverkehrs bis zur Jahrtausendwende. Das Video montiert Archivaufnahmen aller Art, Nachrichtensendungen, Reportagen, Spielfilmmaterial, Found Footage und Szenen, die vom Künstler auf Flughäfen gedreht wurden. Es vermischt das Tragische mit dem Banalen, das Katastrophale mit dem Erhabenen, die Populärkultur mit der Kunst und das Affektive mit dem Reflexiven. Anstatt der Macht der Bilder zu misstrauen, schwelgt es in ihrem affektiven Potenzial, es weicht dem Spektakel nicht aus, sondern zelebriert es. Es verbleibt konsequent innerhalb der positivistischen Logik des Monumentalen, indem es gleichzeitig die Fiktionalität der Bilder feiert und sie als Ausgeburt eines wildgewordenen und paranoiden kollektiven Imaginären deutet.

Explosionen entführter Flugzeuge mit eingängigen Disco-Beats verbindend, oder auch die Tätigkeit des Terroristen mit der von Künstlern vergleichend, negiert »Dial H-I-S-T-O-R-Y« komplett die standardisierte archontische Erzählung über den Terroristen als Anderen und Staatsfeind. Dem Autor zufolge betont das Video den Wert des Spektakulären in unserer Katastrophenkultur. Es versucht gar nicht erst die Realität der Ereignisse oder gar ihren politischen Kontext zu rekonstruieren, sondern gleitet schwerelos an der schimmernden Oberfläche der populärkulturellen Inszenierung des Terrorismus entlang. Zeugenaussagen tauchen jeweils schon als Zitate ihrer selbst auf, angeordnet in teils grotesken Serien, die unerwartete Reaktionen, Massenhysterie, Fankult und andere Aspekte des terroristischen Spektakels betonen. So wird Richard Nixon mit einer überraschenden These über Flugzeugentführungen zitiert. Vor einem Publikum von Wissenschaftlern sagt er: »If it wouldn't have been for science there would be no airplane, and if there was no airplane there wouldn't have been any hijackings, so we could make the argument that it would be better not to have science at all.«[52] Ebenso wie Nixon Flugzeugentführungen völlig wertfrei als unausweichliche Konsequenz der Moderne akzeptiert, akzeptiert »Dial H-I-S-T-O-R-Y« das Spektakel als unausweichliche Konsequenz des modernen Terrorismus.

EIN BAU OHNE AUSSEN

Das Band analysiert nicht den historischen, nicht den politischen, nicht den sozialen Kontext der Entführungen, es bewertet nicht ihre politische Legitimität, sondern intensiviert wie ein Verstärker die Wogen der Erregung, die sie in der Öffentlichkeit hervorrufen. Dieses Spektakel entspricht der Beschreibung des situationistischen Theoretikers des Spektakels Guy Debord: »Das Spektakel stellt sich als eine ungeheure, unbestreitbare und unerreichbare Positivität dar. Es sagt nichts mehr als: ›Was erscheint, das ist gut; und was gut ist, das erscheint.‹«[53] Insofern ist »Dial H-I-S-T-O-R-Y« ein völlig unambivalentes, positivistisches Monument, das auf nichts außerhalb seiner selbst, außerhalb der Verhältnisse und affektiven Intensitäten, die es organisiert, verweist. Anders als Debords kulturpessimistische Abwertung des Spektakels prophezeit, funktioniert Grimonprez' Spektakel aber keineswegs nur als eine passive, parasitäre und kapitalistische Abstraktion[54]: In »Dial H-I-S-T-O-R-Y« werden die Terroristen zu Schauspielern, die aktiv die Bedingungen ihrer Darstellung kontrollieren. Sie schrecken nicht einmal davor zurück, sich vor den Entführungen kosmetischen Operationen zu unterziehen. Politik ist Spektakel, und dessen materieller Kontext ist der Kampf von allen gegen alle innerhalb einer gnadenlos radikalisierten Aufmerksamkeitsökonomie.

Grimonprez' Video nimmt die Macht ikonischer Bilder des Terrorismus vorweg, die nach den Anschlägen des 11. September etwa zwei Jahre nach Fertigstellung des Bandes noch einmal potenziert wurde. Das Archiv spielt bei dieser Aufladung von Bildern mit Affekten eine wichtige Rolle, es reproduziert die Bilder ins Endlose, es verlangsamt sie, macht sie zugänglich, verfügbar, verwandelt sie in zeitlose und ewige Ikonen und vermehrt so ihr affektives Potenzial. Gleichzeitig argumentiert das Video auf einer individuellen Ebene, die Identifikationen ermöglicht, indem es immer wieder Geschichten einzelner Charaktere aufgreift: Schreiende Mütter, begeisterte Kinder, schüchterne Terroristen erzeugen die Illusion realer Personen, echter Gefühle, eines wirklichen emotionalen Ausnahmezustands. Aber Grimonprez greift auch deutlich in sein Material ein. Indem er assoziatives Material aus Comics, Spiel- und Lehrfilmen in seine Kompilation einbaut, schafft er reflexive Ebenen, die den perfekt choreographierten Ablauf nicht aussetzen, sondern noch eingängiger gestalten.

Wenn »Dial H-I-S-T-O-R-Y« ein Erinnerungspalast ist, ähnelt er auf den ersten Blick wahrscheinlich am ehesten dem Caesars Palace in Las Vegas – einem labyrinthischen Casino der Erinnerung, in dem es überall blinkt und scheppert, in dem die Schilder für die Notausgänge in alle Richtungen weisen und überdies rein dekorativ sind. Denn dieser Bau hat kein Außen, keinen Ausweg, kein Anderes seiner selbst. Er konzentriert vielmehr die spektakuläre und völlig selbstreferenzielle Kraft von Ikonen, die, aus ihrem Kontext losgerissen, innerhalb einer allgegenwärtigen Atmosphäre der Angst zu Vorzeichen einer ohne Unterlass drohenden Katastrophe werden.

Auf den zweiten Blick ist Grimonprez' Konzept eines Erinnerungspalasts allerdings wesentlich radikaler als eine Casinoarchitektur. Denn in seinem Video wird das entführte Flugzeug zum Erinnerungsgehäuse. Es bewegt sich zwischen verschiedenen Ländern, verschiedenen Heimaten, ohne über einen Ursprung und festen Kontext zu verfügen. »Home is a failed idea«, zitiert Grimonprez den Schriftsteller Don DeLillo im Off-Kommentar – und »Dial H-I-S-T-O-R-Y« bejaht diesen Verlust eines stabilen Hauses der Erinnerung, den Verlust von Kontext, Geschichte, archontischer Verkettung und Verortung. Die archivarischen Serien, die er arrangiert, bleiben – wie die Flugzeuge – in dynamischer Schwebe, in ständiger Bewegung, innerhalb eines imaginären Raums, der mit Panik, Hysterie und Glamour gesättigt ist. Das Flugzeug wird zur Metapher für Geschichte an sich.[55] Während die Dokumente in »Beyond Manzanar« an einem Nicht-Ort, nämlich einem Internierungslager gesammelt und behaust wurden, geht Grimonprez noch einen Schritt weiter und positioniert seine Dokumente gewissermaßen so, als wären sie im freien Fall suspendiert.

Das Motiv der Entortung wird gleich zu Anfang des Films in der Sequenz eines vom Sturm davongetragenen Hauses eröffnet. Die Sequenz stammt aus dem Film »The Wizard of Oz« in dem bekanntlich das Mädchen Dorothy durch die Intervention einer bösen Hexe ins Land Oz entführt wird. Ebenso wie Dorothy mitsamt ihrem Haus vom Sturm entwurzelt wird, werden auch die einzelnen Bilder und Sequenzen in Grimonprez' Video aus ihrem Kontext gerissen und in wirbelartigen, fantastisch-imaginären Kompositionen verquirlt. Grimonprez zufolge beruht diese Montagelogik auf der politischen Logik der Flugzeugentführung, die das Flugzeug abrupt aus der stabilen Welt eingehaltener Flugverkehrsvorschriften in das hehre Chaos politischer Utopie entrückt. Die Bilder werden ebenso abrupt aus ihrem Kontext entführt wie die Flugzeuge selbst. Ihre Serien werden zu opaken Mitteln ohne Zweck, zu schimmernden selbstreferenziellen Objekten, deren Positivität durch nichts getrübt wird. Alle Negativität der historischen Methode scheint hier zugunsten einer Archäologie der Affekte überwunden, deren bebende Spannungsbögen aus reiner Vitalität, Intensität und Paranoia zu bestehen scheinen. Das Video scheint auch Foucaults Diagnose zu bestätigen, dass die archäologischen Methoden dabei seien, die historischen endgültig abzulösen – und mit ihnen jene Ökonomie des Mangels, die Nietzsche so abfällig als Sklavenmoral bezeichnete.

Aber die Geschichte ist nicht so einfach. Denn in dem Moment, in dem sich Foucaults Vision eines archäologischen Monuments in absoluter Reinform realisiert, als filmisches Gebäude ohne Außen, das auf nichts als sich selbst und die Organisation seiner Intensitäten verweist, löst dieses Monument sich auf wie ein Kondensstreifen, den ein hoch oben dahinziehendes Flugzeug am Himmel hinterlässt. Das Haus der Erinnerung, das Monument archivarischer Positivität wird von einem Sturm weggerissen, den wir mit Walter Benjamin auch als den Sturm einer Geschichte bezeichnen können, die nicht verzückt in eine von allen Mängeln freie Zukunft fliegt, sondern mit schreckgeweiteten Augen auf einen ständig anwachsenden Trümmerhaufen blickt, durch den die Vergangenheit auf die Gegenwart einstürzt.[56] Die rabiate Entortung der Bilder in »Dial H-I-S-T-O-R-Y«, ihr Fortgerissenwerden im Wirbelsturm der Affekte, deutet auf eine gewalttätige und entortende Bewegung von Geschichte hin, einen Sturm der Zeit, der einst im Paradiese entfesselt wurde und nun die Realität zerschlägt. In diesem zermalmenden Strom der Zeit ist eine Katastrophe nicht mehr nur ein glamouröses Event, das beliebig aus schimmernden Bildern zusammengezappt werden kann, ein Monument ihrer eigenen Intensität, sondern auch ein Dokument eines Zerschlagenen, das in der Vergangenheit liegen geblieben ist und das nie mehr zusammengefügt werden kann.

Look out, it's real!

Dokumentarismus, Erfahrung, Politik

»Warten auf Tränengas«. So betitelt Allan Sekula eine dokumentarische Diaserie, die er 1999 während der Proteste gegen die WTO in Seattle aufnahm: »Einfach nur die Haltung von Menschen beschreiben, die unbewaffnet, manchmal bewusst nackt in der winterlichen Kälte, auf das Gas, die Gummigeschosse und die Schockgranaten warten.«[57] Die Serie besteht aus Bildern von Menschen, die auf den Straßen Seattles fünf Tage lang gegen die Sitzungen der World Trade Organisation demonstrieren. Mehrere Dias zeigen, wie das Gas schließlich auf die Protestierenden verschossen wird. Die Linien der Bilder, die Reihen der Demonstranten lösen sich im Taumel der Bewegung auf. Menschen weinen, erheben ihre nassen Gesichter gegen den Himmel, ihre Fassung verliert sich ebenso wie der Umriss ihrer Gestalten. Das Gas setzt eine Woge von Emotionen frei, es intensiviert die Situation und reißt sie in einen dynamischen Wirbel.

Es sind meist Einzelne, die Sekula ins Zentrum seiner Kompositionen rückt: Individuen, die sich in bescheidenen, aber bestimmten Posen einer abstrakten strukturellen Gewalt entgegenstellen. In einem begleitenden Text zur Arbeit schreibt der Fotograf: »Der menschliche Körper (behauptet) sich in den Straßen der Stadt gegen die Abstraktion des globalen Kapitals.«[58] Die Tränengaswolke unterscheidet den von Emotionen und Taumel in Bewegung versetzten konkreten Körper des Bürgers von der abstrakten und gesichtslosen Gewalt der Polizei und des Kapitals. Sie ist Kulisse für individuelle Posen, aber auch für die große kollektive Inszenierung einer direkten politischen Erfahrung. Auf dieser Bühne wird ein altbekanntes Drama aufgeführt: der Kampf von David gegen Goliath, der Ohnmächtigen gegen die Mächtigen, des Konkreten gegen das

Abstrakte, der spontanen Emotion gegen das berechnende Kalkül, der lebendigen Macht der Masse gegen die tote Gewalt der Herrschenden, der Kampf von Recht gegen Unrecht, von individueller, intensiver, ebenso emotionaler wie politischer Erfahrung gegen die blinde Routine polizeilicher Aufstandsbekämpfung.

Schnitt zu einem anderen Bild: Eine Wolke von Tränengas verrinnt langsam zwischen den Gebäuden eines Stadtzentrums. Dieses Bild stammt aus einem Text von Giorgio Agamben. Aber dort bedeutet es etwas ganz anderes als in Sekulas Serie. Es stellt kein Beispiel einer gesteigerten, individuellen und hochpolitisierten Erfahrung dar – im Gegenteil. Laut Agamben bedeutet es für uns dasselbe wie das Anstehen an einem Geschäftsschalter, ein Besuch im Supermarkt, das Festsitzen im Stau – also mehr oder weniger nichts. Denn, so Agamben, all diese Situationen, egal ob Tränengas oder Shopping, ermöglichen keinerlei Erfahrung. Egal ob sie hysterische Erregung, intensive Aufregung oder unerträgliche Langeweile hervorrufen – sie bleiben seltsam leer, und wir bleiben ihnen gegenüber passiv. Denn laut Agamben ist Erfahrung heute schlechthin unzugänglich. So jedenfalls lautet das apodiktische Verdikt am Beginn seines Traktats *Kindheit und Geschichte*[59]. Als Zeugen für seine These zieht er Walter Benjamin heran, der schon 1933 schrieb, dass Erfahrung in den Schlachtengewittern des Ersten Weltkriegs jegliche Bedeutung verloren habe.[60] Sie sei durch sensomotorische Affekte, durch Stress, Spektakel, Beschleunigung, variierende Intensitäten ersetzt worden, durch das unaufhörliche Delirium eines Krieges, der alle Sinne zugleich anfällt und überfordert und der in alle Aspekte der Massenkultur eingesickert sei.[61]

Agamben schließt daraus, dass Erfahrung an einem bestimmten historischen Punkt durch ihr Spektakel ersetzt wurde. Walter Benjamin ebenso wie Siegfried Kracauer haben schon früh auf die Komplizität des bewegten Bildes mit diesem Spektakel hingewiesen.[62] Benjamin beschreibt die Moderne als eine Art Artilleriesperrfeuer von Eindrücken, Schocks und abrupten Veränderungen, das die Menschen wie mit einem Schwall von Ohrfeigen traktiert.[63] Parallel zu dieser Transformation von Alltagserfahrung entstand Kracauer zufolge eine Sensationsökonomie, die nicht mehr länger mit Objekten, sondern mit Reizen und Eindrücken handelte.[64] Das Kino entpuppte sich als idealer Umschlagplatz dieser Sensationen, die den Zuschauer »mit Haut und Haar« involvieren sollten.[65] Der Film war weniger Gegenstand einer distanzierten visuellen Betrachtung als vielmehr eine Quelle der Stimulation der Nerven, der Sinnesorgane, kurz: des gesamten Körpers des Betrachters.[66] Aber all diese Erregungen der modernen Zeit, lassen sich, so Agamben, nicht in Erfahrung übersetzen. Sie entsprechen nicht dem klassischen Begriff einer Erfahrung, der die Möglichkeit zur Reife, die Veränderung der Persönlichkeit, die Chance zum Eingriff in die Verhältnisse umschließt. Der klassische Begriff der Erfahrung hat einen genuin politischen Charakter, da er sich erst in der Handlung einlöst. Die Surrogate der Erfahrung, das Durcheinander zusammenhangsloser Ereignisse, die den modernen Alltag kennzeichnen, erfüllen diese Voraussetzung hingegen nicht. Ihr Kennzeichen ist, dass sie uns zwar affizieren, aber nicht in Erfahrung, erst recht nicht in politische Erfahrung umgesetzt werden können. Dies gilt für besagte Tränengaswolke ebenso wie für das Lesen der Zeitung oder den Besuch eines Supermarkts.

Agambens Verdikt ist keineswegs evident. Betrifft es doch nicht nur banale Tätigkeiten, sondern auch eine der mythologisiertesten politischen Erfahrungen überhaupt – die Erfahrung politischer Gewalt auf der Straße, die Agamben im Bild einer sich langsam auflösenden Tränengaswolke verdichtet. Die Tränengaswolke ist Symbol für eine unterdrückerische Obrigkeit, die gegen eine unbewaffnete Demonstration vorgeht und den Protest unterbindet. Wie schicksalhaftes Verhängnis schwebt sie über einer Szenerie, in der sich politische Macht als physische Gewalt auf den Körpern niederschlägt. Was bedeutet es, wenn

Agamben selbst dieses archetypische politische Erlebnis nicht als Erfahrung anerkennt?

Hätte Sekula also statt einer Demonstration genauso gut auch eine Schlange vor einer Supermarktkasse fotografieren können?[67] Oder erwartet uns eine Überraschung – und es stellt sich heraus, dass zwar nicht das eigentliche Erlebnis von Tränengas, wohl aber ein dokumentarisches Bild davon uns eine politische Erfahrung vermitteln kann? Diese Fragen werden im Folgenden anhand verschiedener dokumentarischer Perspektiven auf Straßenschlachtszenen weiterverfolgt, die den Arbeiten »Get rid of yourself« der KünstlerInnengruppe Bernadette Corporation (2003), dem Film »Medium Cool« (1968) von Haskell Wexler, dem Video »The Battle of Orgreave« (2002) von Jeremy Deller und Mike Figgis sowie einem Videostill einer Aktion der Organisation spacecampaign entnommen sind.

GET RID OF YOURSELF

Im Video »Get rid of yourself« (2002) der Gruppe Bernadette Corporation steht die Schauspielerin Chloé Sévigny in einer Küche und stammelt. Sie übt einen Text ein, der von den Erlebnissen einer Demonstrantin in Genua anlässlich der Proteste gegen den G-8-Gipfel 2001 berichtet. Sein Inhalt: Gewalt macht Spaß. Er beschreibt die Zerstörung eines Geldautomaten. Die Person, die ihn zerstörte, wirkte glücklich. In diesem Text bedeutet Gewalt Verzückung, Emotion, Realität, kurz: den Zugang zum echten Leben. Sevigny übt den Text ein, sie versucht ihn zu memorieren, wiederholt, stottert, scheitert. Ein klassisches Experiment der Entfremdung. Die Sequenz balanciert zwischen zwei Extremen: dem authentischen Kick der *real life experience* und ihrer mechanischen, entfremdeten Wiederholung, dem echten Adrenalinrausch und seiner Simulation, zwischen Leben und Kunst, Text und Inszenierung. Bilder der Krawalle und zerstörter Geldautomaten vermischen sich mit der Sequenz von Sevignys Textprobe. Beide Pole – dokumentarische Bilder und Inszenierung – werden vom Film gleichermaßen ernst genommen. Sie schließen sich nicht gegenseitig aus, sondern ergänzen einander.

Nur wenige Minuten davor haben wir im selben Video dokumentarische Interviews gehört, in denen Beteiligte von ihren Gefühlen während des Krawalls erzählen. Immer wieder wird die Intensität der Erlebnisse beschworen, die Veränderung der Wahrnehmung, die Dynamisierung der Körper, als handle es sich bei einer Straßenschlacht vor allem um ein sensomotorisches Experiment oder gar um eine neue Droge.

Was aber bedeutet dies für den Begriff der Erfahrung? Wie verhalten sich die Berichte der Militanten zu diesem Begriff? Erzählen sie uns von politischen Erfahrungen oder vom bloßen begeisterten Erlebnis ebenso disparater wie banaler Schlachtengewitter? Trägt das Erlebnis der Gewalt zur Reife der Persönlichkeit bei, oder bleibt sie ein sensomotorisches Spektakel, das – ebenso wie die Landserliteratur nach dem Ersten Weltkrieg – etwas zutiefst Sinnloses heroisiert? Die Antwort von »Get rid of yourself«: Sowohl als auch. Während das Video die Interviews wie Erfahrungen behandelt, widerspricht die Bildebene dieser Interpretation. Denn die Bilder, die wir zu diesen Aussagen sehen, sind ebenso unzusammenhängend wie Agambens Aufzählung erfahrungsloser Ereignisse: Neben Tränengaswolken sehen wir parkende Autos, Rechneroberflächen, Werbeaufnahmen, Vorortzüge in disparater und unmotivierter Abfolge, also geradezu in vorbildlicher Beziehungslosigkeit zueinander arrangiert. Das sensomotorische Erlebnis, das das Video selbst darstellt, ist so flach wie ein Schluck Wasser. Und im Gegensatz zu den Intensitäten die von den Berichten der Militanten beschworen werden, wird auf der visuellen Ebene Intensität bis zu einem Punkt hin verweigert, der einen fast erleichtert konstatieren lässt, dass das gesamte Video ungeheuer langweilig ist – so langweilig, wie Agambens Schüsse auf der Straße, während Tausende im Berufsverkehr festsitzen.

Der Film lässt also die Frage offen, ob es sich bei den Berichten der Militanten um politische Erfahrungen handelt oder nicht doch um jene blutleeren sensomotorischen Schockmomente, die Erfahrungen durch Events ersetzen. Zudem werden die dokumentarischen Berichte der Gewalt immer wieder durch die fiktionalisierenden Übungen der bekannten Schauspielerin unterbrochen. Sie werden zu gut konsumierbaren Soundbites und zur Schablone neuer, warenförmiger Subjektivität – als würde der Slogan *get rid of yourself* ergänzt durch: *and then shop for yourself*.

»Get rid of yourself« registriert auch diese Transsubstantiation dokumentarischer Erlebnisberichte in Souvenirobjekte des Radical Chic. Aus der Vermummungstracht der Straße wird ein neuer Fashion Look. Authentizistisches Original und warenförmige Kopie, dokumentarischer Bericht und inszeniertes Affektbild verschwimmen in »Get rid of yourself« bis zu dem Punkt, an dem sie ununterscheidbar werden. Ahmt Sevigny die Pose der Militanten nach – oder passen sich diese schon präventiv an ihre Verwandlung in Ikonen des Radical Chic an? Spielt die Schauspielerin eine Demonstrantin, oder versuchen die Demonstranten umgekehrt als zukünftige Heroen des unabhängigen Kinos zu posieren und nebenbei ihre Rolle als Werbeträger für Jeans oder als spekulatives Kunstobjekt für Versicherungen einzuüben? Der Film zeigt den unaufhörlichen Transfer dessen, was er möglicherweise für politische Erfahrung hält, in die Bildwelt von Fashion Victims, Starkult, Hype und Radical Branding. Er verfolgt die Bewegungen zwischen Ebenen, die keiner zeitlichen Logik – im Sinne eines Vorher/Nachher – folgen, sondern simultan stattfinden, sich durchdringen, zur ewigen Immanenz verdammt sind, zur Wiederkehr des Immergleichen. Denn Gewalt und Krieg sind – ganz im Sinne von Benjamins Annahme[68] – als stumpfes Delirium in alle Aspekte der Massenkultur eingesickert.

»Get rid of yourself« untersucht, wie – frei nach den Worten eines der Protagonisten – die Militanten als Bilder erschaffen werden und gleichzeitig daran scheitern, ihrerseits adäquate Bilder zu produzieren. Sie beharren stattdessen auf der Erzeugung von Sensationen, die nicht außerhalb ihrer Warenform existieren. In diesem Video wird die Warenförmigkeit eben jener Affekte zum Thema, ihre Verwandlung in die kostspielige und begehrte Essenz des Authentischen, ins kurze Aufleuchten eines für echt gehaltenen Lebens. Genau dies ist der Moment, der gegenwärtig am intensivsten von kulturindustriellen Dynamiken durchdrungen wird. »Get rid of yourself« ist vor allem ein Dokument dieser Durchdringung.

THE MAKING OF …

Wie aber werden die Militanten als Bilder erschaffen? Diese Frage ist zentral für einen Spielfilm, der zum Thema politische Erfahrung wesentliche Erkenntnisse beiträgt: »Medium Cool« des Regisseurs Haskell Wexler, gedreht 1968. Der Film begleitet einen Nachrichtenkameramann bei seiner Arbeit in der politischen Landschaft jener Zeit, bei Massendemonstrationen, Krawallen, Parteiversammlungen. In diesem Film geht es nicht um politische Gewalt an sich, sondern darum, wie ihr Spektakel als Ware produziert wird. Schon am Anfang des Films diskutieren Kameraleute über die Anforderungen ihres Berufs, in dem die Produktion ständig neuer Sensationen verlangt wird. Leichen, Katastrophen, Gewalttaten sind die Waren einer Erlebnisökonomie, die in den 1960er Jahren auch die Welt der Nachrichtensendungen durchdrungen hat. Protagonist dieses Films ist ein zunächst zynischer und fast teilnahmsloser Kameramann. Die meisten der Spielhandlungen, die seine allmähliche Politisierung zeigen, sind vor dokumentarischen Hintergründen arrangiert. In einer Szene dreht er einen Bericht für seinen Auftraggeber, einen großen Fernsehsender. Es geht um präventive Übungen der National Guard gegen befürchtete Krawalle anlässlich des Parteitags der Demokratischen Partei 1968. Im Vordergrund agiert der Hauptdarsteller, im Hintergrund üben reale Polizisten das Verprügeln von Demonstranten. Aber tatsächlich ist die Trennung zwischen Fiktion und Realität noch komplizierter. Denn das, was real dokumentiert wird – die Übung der National Guard –, ist eigentlich eine Art Polizeitheater. Während die eine Hälfte der Gardisten Demonstranten spielt – und viel Spaß dabei hat –, prügelt die andere Hälfte auf sie ein. In der letzten Szene des Films wird aus dieser Übung allerdings Ernst: Man sieht die Gardisten auf eine Menge echter Demonstranten einschlagen.

Spiel und Ernst, Karneval und staatlich sanktionierte Gewalt, Kreativität und Kadavergehorsam werden nicht als Gegensätze angeordnet, wie etwa in Sekulas Serie. Wexlers Film zeigt, wie Verkleidung und Spiel die Polizei zu noch effizienterer Repression befähigen. Ebenso existiert kein scharfer Bruch zwischen Probe und Ernstfall, zwischen Realität und Inszenierung wie in »Get rid of yourself«. Die Übung geht ebenso graduell in reale Gewalt über, wie dokumentarischer Hintergrund und inszenierter Vordergrund ineinander verschwimmen. Die Probe, das inszenierte Spiel sind integrale Bestandteile der Realität. Dies bedeutet jedoch nicht, dass es in Medium Cool keinen Unterschied mehr zwischen Fiktion und Realität gibt. Denn in einem bestimmten Moment wird die Fiktion durch einen unwiderruflichen Einbruch des Realen erschüttert – so scheint es zumindest. Inmitten der Krawalle, die den demokratischen Parteitag in Chicago 1968 begleiten, lässt sich die Fiktion der Spielfilmhandlung inmitten explodierender Tränengasbomben nicht mehr aufrechterhalten. Ein Teammitglied schreit plötzlich aus dem Off den Regisseur an: »Haskell, let's get out of here, this is for real!« Die Einstellung bricht ab, die Spielfilmhandlung geht weiter, und im jenem Zeitraum, den der Filmschnitt unterschlägt, hat sich das Team offensichtlich in Sicherheit gebracht.

An diesem Punkt – gewissermaßen mit dem Knall der explodierenden Tränengasgranate – ereignet sich ein klassisch modernistischer Bruch zwischen Realität und Reflexion, der auf einen realen Raum außerhalb der Spielhandlung verweist. In einer klassisch reflexiven Wendung bricht die Realität ins Gefüge der Handlung ein. Die Gewalt des Krawalls funktioniert auf der filmischen Ebene als Katalysator dieser Enthüllung. Sie ist nicht, wie in »Get rid of yourself«, invariabler Bestandteil eines immanentistischen, gleichzeitig vor Aufregung und Langeweile fiebernden Kosmos. Sondern sie durchbricht punktuell den gewalttätigen Verblendungszusammenhang und legt sein ideologisches Gerüst bloß. Das zumindest wäre das Fazit einer ersten, rein filmischen Lektüre.

Tatsächlich ist die Geschichte jedoch wesentlich komplizierter. Denn in einem Fernsehinterview erzählt Haskell Wexler, dass er ausgerechnet diesen Satz: »Look out, Haskell, this is for real« im Nachhinein in den Film eingefügt hat. Der Satz wurde später im Tonstudio aufgenommen. Und damit entpuppt sich eben jener Moment des Films, an dem die Realität enthüllt zu werden scheint, als – Inszenierung.

Die komplizierte Reflexivität von »Medium Cool« verweist auf ein generelles Problem der reflexiven Form und ihres Verhältnisses zur Realität. Im Gefolge von Brecht wurden in der Dokumentarfilmtheorie jahrzehntelang die reflexive Distanz dem Unmittelbaren, die Verfremdungseffekte den Evidenzeffekten, die Differenz und Verschiebung dem Identischen vorgezogen, da sie die Bewusstseinsbildung befördern sollten. Im Laufe der Zeit geronnen diese normativen Appelle jedoch selbst wieder zu dogmatischen Schemata. Wurde im Zeitalter modernistischer Avantgarden ein Heraustreten aus dem selbst kreierten »Verblendungszusammenhang« durch die reflexive Offenlegung der eigenen Konstruktions- und Produktionsweisen als kritische Stellungnahme verstanden, sind viele dieser Mittel unter veränderten politischen und sozialen Umständen wirkungslos geworden.

Die selbstreflexiven Mittel der Kritik des »Apparates« der modernistischen Avantgarde, seine »Sichtbarmachung«, die Offenlegung der eigenen Produktionsmittel oder die Integration von Dokumenten, die »außerhalb« eines organisierten Produktionszusammenhangs enstanden seien, haben etwa in dem Moment ihre Wirkung eingebüßt, als ein »Außen« des ökonomischen Produktionszusammenhangs durch die postfordistische Vereinnahmung aller Lebensbereiche unkenntlich geworden war und ein archimedischer Standpunkt der Kritik somit nicht mehr verfügbar war, schreibt Helmut Draxler.[69]

Vor allem der Topos des Films im Film, so Drehli Robnik, sei aufgebraucht. Denn vor allem in den neuen globalen Medienöffentlichkeiten mit ihren seriellen Blockbusterökonomien, seien Filme nicht mehr vom realen Leben abgrenzbar.[70] Dieses unmerkliche Gleiten des Films ins Leben hinein setzt schon in »Medium Cool« ein, in dem selbst noch der Einbruch der Realität inszeniert ist. »Medium Cool« markiert einen Moment, in dem die Trennung der Lebensbereiche zu verschwimmen beginnt, das Private und das Politische sich ineinander aufzulösen und die Welt und ihr Bild ununterscheidbar zu werden beginnen.

POLITISCHE THEOLOGIE

Aber kommen wir auf das Motiv der Tränengaswolke zurück. Was ist der Unterschied zwischen den Tränengaswolken in »Get rid of yourself« und in »Medium Cool«? Und was ist ihr jeweiliges Konzept politischer Erfahrung? In beiden Filmen haben die Tränengaswolken seltsam gespaltene Bedeutungen. Während »Get rid of yourself« sie sowohl als Quelle politischer Erfahrung als auch als ihr Simulakrum begreift und Gewalterlebnisse gleichzeitig als Kern authentischer Erfahrung wie auch als ihr flaches und erfahrungsloses Spektakelsurrogat beschreibt, ist in »Medium Cool« die Tränengaswolke der Ort der Enthüllung einer übergeordneten reflexiven Realität, die sich jedoch als Fiktion entpuppt. In beiden Fällen durchdringen sich Probe und Ernstfall, Inszenierung und Realität. In »Medium Cool« werden diese Ebenen hierarchisch als übergeordnete Ebenen beschrieben, die ineinander übergehen. In »Get rid of yourself« sind sie ahierarchisch montiert und bleiben beziehungslos nebeneinander stehen.

Obgleich beide Filme den Begriff der Erfahrung gleichzeitig bejahen und verneinen, gibt es doch einen entscheidenden Unterschied zwischen beiden. Im Gegensatz zu »Get rid of yourself« glaubt »Medium Cool« an ein Außen der Handlung, das heißt auch an die Möglichkeit einer radikalen und unerwarteten Intervention in die Verhältnisse, selbst wenn der Film dieses Außen herbeifabulieren muss. Die dem Film zugrunde liegende Fiktion besagt, dass ein großer Knall alles verändern kann und Möglichkeiten freilegt, die nicht vorgesehen waren. Ein entscheidender Moment genügt, um die Verhältnisse umzustürzen und alles zu ändern. In »Get rid of yourself« erstreckt sich die Tränengaswolke dagegen metaphorisch über die gesamte Welt. Es gibt keinen Ausweg aus ihr, es sei denn, dass sich aus ihrer chaotischen Mitte heraus etwas Neues organisiert. Das Außen verwandelt sich in »Get rid of yourself« in schimmernde Kontingenz, es splittert auf in eine Vielzahl von Zwischenzuständen, in Momente des Zögerns, Momente des Scheiterns, Momente der Unbestimmtheit. Der große Knall wird nicht mehr kommen und auch nicht jene Erlösung von Unterdrückung, die er in der politischen Theologie des Modernismus verhieß. Und nicht einmal die kleine Lücke in Raum und Zeit, durch die Benjamin zufolge jeden Augenblick der Messias eintreten kann, wird sich noch eröffnen. Stattdessen ein von Tränengas vernebeltes Feld der Immanenz, in dem keuchende, aufs äußerste angespannte, gleichzeitig glückselige Gewalttäter herumtaumeln. Wir sind in einem Diesseits gefangen, in dem auch die extremsten Gegensätze völlig unverbunden nebeneinander her existieren können. Ist der messianische Moment etwa schon vorbei? Wie heißt es in einem populären Schlager so schön? Der Messias ist nicht gekommen, und angerufen hat er auch nicht ...

»The Battle of Orgreave« von Jeremy Deller und Mike Figgis artikuliert wiederum ein anderes Verhältnis von Fiktion und Realität, Innen und Außen, Macht und Möglichkeit. Das Video zeigt die Reinszenierung einer Auseinandersetzung zwischen Polizei und Grubenarbeitern während des so genannten *miners' strike* 1984. In diesem Jahr begann die nationale Union der Bergleute einen Streik, der fast ein Jahr dauerte und sich zu einem der erbittertesten Arbeitskämpfe des letzten Jahrhunderts in England entwickelte. Am 18. Juni 1984 kam es in der Nähe der Kokerei Orgreave zu einer heftigen Auseinandersetzung zwischen Arbeitern und Polizei. Die Schlacht fand in einer medial außerordentlich aufgeheizten Atmosphäre statt – Premierministerin Thatcher bezeichnete die Bergleute in klassischer Kalter-Kriegs-Rhetorik als »innere Feinde«. Auch die mediale Darstellung des Ereignisses ist von vornherein kontrovers: Jahre später entschuldigt sich die BBC für Fehler in der damaligen Berichterstattung. Durch die Umkehrung der Chronologie in einer Sequenz war der Eindruck entstanden, dass Bergleute die Polizei angegriffen hätten. Tatsächlich war es umgekehrt. Darstellungen wie diese festigten die Wahrnehmung der Bergleute als notorische Krawallbrüder und Feinde der inneren Sicherheit. Die Bergleute verloren die politische Auseinandersetzung und mussten auf die Erfüllung ihrer Forderungen verzichten. Dieser Moment ist das Symbol der historischen Niederlage der traditionellen Arbeiterbewegung in England, ein Moment, in dem der aufstrebende Neoliberalismus triumphiert.

Im Jahr 2001 wird die Feldschlacht durch den Künstler Jeremy Deller in Kooperation mit einem Verein zur Wiederaufführung militärischer Schlachten wiederholt – diesmal als monumentale Inszenierung, an der sowohl ehemalige Polizisten als auch Minenarbeiter teilnehmen. Der Filmemacher Mike Figgis zeichnet das Ereignis fürs Fernsehen auf. Ergebnis ist ein relativ konventionelles Band, das Aufnahmen des reinszenierten Krawalls mit Interviews damaliger Beteiligter kombiniert.

In »The Battle of Orgeave« sind Spiel und Ernst, Fiktion und Realität, Erfahrung und ihr Surrogat wiederum anders verteilt. Während diese Begriffspaare in Sekulas Fotoserie jeweils auf Polizei und Demonstranten verteilt waren, in »Get rid of yourself« auf Schauspieler und dokumentarische Protagonisten und in »Medium Cool« auf das Filmteam im Film und das »Außerhalb« des Films, wird in »The Battle of Orgreave« eine klassische Vorher/Nachher-Struktur eingehalten: Der Ernstfall – die reale politische Auseinandersetzung – liegt in der Vergangenheit, im Jahr 1984. Das Jahr 2001 ist der Zeitpunkt der Inszenierung, der Proben und des Spiels, an dem sich sowohl »Polizisten« als auch »Demonstranten« beteiligen. Was 1984 noch Ernst war, ist 2001 zu einer Art von performativem Event geworden, ein Sonntagsspaß für die ganze Familie. Aus Polizisten werden »Polizisten« und aus Demonstranten »Demonstranten«. Aus der Schlacht von Orgreave wird »The Battle of Orgreave«. Wird also auch aus einer Erfahrung eine »Erfahrung«? In gewisser Hinsicht: Ja.

Aber der entscheidende Unterschied liegt nicht etwa darin, dass sich an dem einen Zeitpunkt das Reale ereignet und am zweiten dessen inszenierte Wiederholung. Der entscheidende Unterschied ist, dass die Auseinandersetzung 1984 einen virulenten politischen Hintergrund hat und sich in einer aufgeladenen Konfliktsituation abspielt, in der es noch Hoffnung für die Bergleute zu geben scheint, während sich die Wiederaufführung 2001 in einem Rahmen ereignet, in dem sich der Kampf der englischen Arbeiterbewegung rückwirkend als unwiderruflich verlorener darstellt. Anders als das Original findet die Wiederaufführung in einem politisch luftleeren Raum statt. Die Arbeiterschaft in England hat sich in ihrer Komposition so dramatisch verändert, dass eine Ansammlung weißer männlicher Arbeiter, wie in »The Battle of Orgreave«, nicht mehr repräsentativ ist. Anstatt hemdsärmeliger Kumpel aus Yorkshire schuften jetzt Illegalisierte aus aller Herren Länder in den zahllosen Sweat Shops der Hauptstadt, denen das Schauspiel einer hooliganartigen Feldschlacht als Perspektive ihrer Organisierung vermutlich wenig zu sagen hätte. Aber das politische Subjekt hat sich nicht nur verändert, sondern sogar mehr oder weniger in Luft aufgelöst. Der Konflikt, den die Schlacht bei Orgreave ausdrückte, existiert in dieser Form nicht mehr. Aus dem Klassenkampf ist der Third Way geworden, in dem alle Gegensätze miteinander versöhnt werden sollen. Aus einer politischen Handlung wird in der Reinszenierung somit ein Akt der Vorführung, gegebenenfalls auch des Memorierens – eine Geste der Nostalgie. Wie Fredric Jameson argumentiert, stellt diese Nostalgie jedoch nichts weiter als die Abwesenheit von Erfahrung dar.

Jameson beschreibt Nostalgie als Konsequenz einer Gesellschaft, in der sich nichts ereigne, kurz: als postmodernen Historismus. Die Banalität des Alltagslebens im Spätkapitalismus erzeuge eine gewaltige Herausforderung: nämlich die Illusion aufrechtzuerhalten, dass sich noch Dinge zutragen, dass noch Ereignisse geschehen und dass es Geschichten zu erzählen gibt.[71] Das Auftreten des nostalgischen Historismus ist Symptom einer Situation, in der all diese Dinge fehlen. Er entsteht in einem Moment, in dem Tränengaswolken ihren politischen Inhalt verloren haben und zu einem isolierten Sachverhalt neben anderen geworden sind. Die nostalgische Wiederholung der »Battle of Orgreave« vollzieht – unter den gegebenen historischen Umständen – die Entleerung ihrer Erfahrbarkeit, und was wiederholt wird, ist letztendlich nicht das Ereignis, sondern seine politische Unmöglichkeit in der Gegenwart. Insofern ähnelt diese Wiederholung jener Form, die Deleuze als dritte Synthese der Zeit bezeichnet, einer Wiederholung, die nicht das Alte, sondern etwas Neues wiederholt.[72] Das Neue ist in diesem Fall die politische Erfahrung der Postpolitik, die eine »Erfahrung« unter Anführungszeichen darstellt. Auf der anderen Seite belebt »The Battle of Orgreave« jedoch auch eine Debatte wieder, die nur noch unter dem Vorzeichen ihres historischen Scheiterns erinnert wird. Das Video würdigt eine Auseinandersetzung, die auf dem Müllhaufen der Geschichte gelandet ist, und mit ihr auch die politischen Erfahrungen der daran Beteiligten.

Aber aus einer weiteren Perspektive ist die »Battle of Orgreave« kein leeres Mantra, das aus dem Ensemble seiner politischen Bezüge gerissen wurde, und sie ist auch nicht nur ein Versuch, historische Trümmer zu bergen. Es lassen sich in ihr durchaus Erfahrungen machen – bloß nicht die, von denen sie auf der Ebene ihres Inhalts handelt. Denn ihre Form schreibt sich reibungslos in jene neuen Ökonomien ein, die Erfahrung als Quelle der Produktivität und der Wertschöpfung entdeckt haben.[73] In diesen Ökonomien ersetzt Erfahrung die Ware bzw. wird selbst zur Ware[74]. Diese Form der Wirtschaft verwandelt den Begriff der Arbeit radikal: Aus Arbeit wird Theater. Es gibt keine Arbeiter mehr, sondern nur noch Schauspieler.

Die Transformation von Arbeitern in Schauspieler ist auch das entscheidende Moment in Dellers Reinszenierung. In Dellers Wiederaufführung spielen die ehemaligen Minenarbeiter sich selbst. Ihre Arbeit findet nicht mehr unter Tage statt, sondern hat sich in reine Darstellung verwandelt. An diesem Punkt wird die Veränderung der Arbeit am offensichtlichsten: Aus einer güterproduzierenden Gesellschaft ist eine erlebnisproduzierende Gesellschaft geworden, aus der Fabrik ein Theater und aus der Feldschlacht ein Special Effect. Dellers Schauspiel handelt auf der Ebene des Inhalts zwar von der alten Arbeiterklasse. Auf der Ebene der Form ist jedoch schon eine Anordnung verwirklicht, in der die Arbeit de facto von einer neuen Arbeiterschaft geleistet wird: von Schauspielern, die Arbeiter darstellen. Diese Schauspieler stellen nicht nur die Arbeiter der alten Ära dar, sondern sind tatsächlich Modellarbeiter einer Ära der Erlebnisökonomie, in der Arbeit jenseits des Schauspiels allmählich ungewohnt wirkt.

So wird auch die Unterscheidung zwischen echter Arbeit und scheinhafter Spektakelproduktion aufgehoben, eine Unterscheidung, die in äußerster Schärfe von Guy Debord in seiner Analyse des kapitalistischen Spektakels eingeführt wurde.[75] Demnach ist das Spektakel der Bereich des entfremdeten parasitären Scheins, der das Echte und Wahre verdinglicht und durch minderwertige Surrogate ersetzt. Aber diese geradezu manichäische Vorstellungswelt hält der gegenwärtigen Realität nicht stand. Denn die Produktion von Erlebnissen ist nicht nur echte Arbeit – das war sie schon immer –, sondern zu einem ebenso zentralen Bereich der Produktion avanciert, wie es früher die Güterproduktion oder die Bergbauindustrie war. Es ist durchaus möglich, dass sich bei den Mitwirkenden der »Battle of Orgreave« tatsächlich echte politische Erfahrungen einstellen – nämlich in Bezug auf ihre neue Rolle als Schauspieler-Arbeiter –, die auch tiefgehende Veränderungen auslösen können. Insofern wären dies Erfahrungen, die Agamben als unmöglich gewordene beschreibt, Erfahrungen, die zur Reife der Persönlichkeit beitragen und somit mittelbar auch auf die Veränderung der Verhältnisse einwirken können; Erfahrungen, die inmitten eines Spektakels entstehen, das diese eigentlich durch bloße Erregungen ersetzen soll.

ACTUAL PERSONS OR EVENTS

Zuletzt ein Videostill einer Aktion der Organisation spacecampaign. Es zeigt eine Szene, die dem Setting von Sekulas Serie »Waiting for tear gas« nicht unähnlich ist. Auf einer Straße in Thessaloniki findet eine Straßenschlacht anlässlich eines EU-Gipfels 2003 statt. Während im Hintergrund ein Molotowcocktail explodiert und Tränengasschwaden wabern, sehen wir im Vordergrund des Bildes zwei Personen. Ein maskierter Mann scheint sich durch einen Sprung in Sicherheit zu bringen. Eine andere, ganz in Schwarz gekleidete, vermutlich weibliche Person, die etwas weiter entfernt von der Kamera steht, hält ein

Schild hoch, das sie fast verdeckt: »Any Similarity To Actual Persons Or Events Is Unintentional« steht darauf geschrieben. Bekanntlich stammt dieser Satz aus dem Nachspann von Spielfilmen, die damit ihre Fiktionalität beteuern. Notwendig ist dies, damit sie nicht des Diebstahls eines fremden Lebens, das heißt einer Lebensgeschichte, an der sie keine Rechte erworben haben, beschuldigt werden. Deswegen versichert dieser Satz, dass weder reale Personen noch Ereignisse im Film zu sehen sind. Was aber bedeutet dieses Schild inmitten einer durchaus dokumentarisch real wirkenden Straßenschlachtszene? Zunächst greift dieses Bild etliche der Themen auf, die bislang verhandelt wurden: Gewalt und ihr Verhältnis zum Spektakel ebenso wie die Unterscheidung von Fiktion und Realität. Durch das bloße Hochhalten eines Schildes wird eine Szene, die durchaus nicht gestellt wirkt, plötzlich fiktionalisiert und ein Vorgang, der wie eine politische Auseinandersetzung wirkt, als Spektakel gekennzeichnet. Aber nach all dem, was in diesem Kapitel schon gesagt wurde, ist klar, dass die sogenannte Realität politischer Auseinandersetzungen von vornherein durch Fiktionen strukturiert wird und in einer Ökonomie der Erlebnisse verankert ist, in der Spektakel und Realität sich ineinander verschränken. Das Schild weist auf den stark spektakulären Charakter ritualhafter politischer Gewaltinszenierungen hin, auf die Posen und Gesten, die diese hervorbringen, wie etwa die Pose des heroischen Militanten, vertreten durch den martialisch Vermummten in der rechten Bildhälfte. Es weist darauf hin, dass auch die Krawalle der Globalisierungsgegner im Rahmen einer medialen Ereignisökonomie angesiedelt sind, die – wie in »Medium Cool« reflektiert wird – am Spektakel der Gewalt, an explodierenden Tränengasbomben und Molotowcocktails wesentlich stärker interessiert ist als an politischen Inhalten. Insofern dient das Bild der Gewalt auch als eine Art visueller Verstärker in einer Medienwelt, in der politische Gipfeltreffen ebenso wie Straßenschlachten im Standardformat zugerichtet werden. Während die Tränengasbilder in »Medium Cool« den möglichen Einbruch einer anderen Realität bezeugen, ist in diesen Bildern die weiße, flirrende Wolke des Tränengases eher ein Gleitmittel, das ihr reibungsloses Zirkulieren in globalen Medienkreisläufen garantieren soll.

Dies wäre eine erste Ebene der Analyse. Demnach steht dieses Bild Sekulas Auffassung der Tränengaswolken diametral gegenüber. Betonte dieser den Gegensatz zwischen dem bescheidenen Heroismus des Individuums und dem Kadavergehorsam der Obrigkeitsgewalt, die Kreativität der Demonstranten gegen die Uniformität der Polizeiketten, so verweist das Schild aus Thessaloniki auf die Fiktionalität, die der gesamten Inszenierung der Straßenschlacht innewohnt, und ihre Verankerung in der medialen Nachfrage nach Sensationsbildern für eine globale Erlebnisökonomie. Aber gibt es nicht noch eine andere Ebene der Bedeutung dieses Schildes? Ist es nicht auffällig, dass auf dem Schild keineswegs von realen Personen und Events die Rede ist, sondern von aktuellen? Können wir diesen Spruch somit nicht auch entlang der Unterscheidung zwischen dem Virtuellen und dem Aktuellen interpretieren, die der Philosoph Henri Bergson einführte?[76] Das Virtuelle sollte demnach nicht als Gegensatz zum Begriff der Realität missverstanden werden. Sowohl das Virtuelle als auch das Aktuelle sind laut Bergson real – das Virtuelle ist jedoch nicht aktualisiert, es ist in der Situation latent bzw. stellt sie von der Seite einer Dauer her dar, die dynamisch, flüssig und in stetiger Veränderung begriffen ist. Das Aktuelle hingegen ist in den Kategorien von Räumlichkeit gefangen, und somit den Gesetzen von Identität und Ursprung ausgeliefert. So die recht manichäische Weltsicht Bergsons, in der die Dauer und das Virtuelle der Modus von Spontaneität, Kreativität und Intuition sind, während der Raum und das Aktuelle den Käfig der Sachzwänge und unerschütterlicher Selbstidentität darstellen.

Was also bedeutet es in diesem Kontext, wenn unser Schild vermerkt, dass jede Ähnlichkeit mit aktuellen Personen oder Ereignisse unbeabsichtigt sei? Bedeutet es, dass eben keine aktuellen Personen oder Ereignisse abgebildet sind, sondern virtuelle? Dafür gibt es keinerlei Anhaltspunkte. Aber erfüllt die Tränengaswolke auf diesem Bild vielleicht eine Funktion analog zu jenem Nebel, den Bergson anführt, um den Übergang vom Virtuellen zum Aktuellen zu beschreiben? Bergson zufolge kommt das Aktuelle erst allmählich, wie ein dichter werdender Nebel, in Sicht.[77] Heißt dies, dass wir auf dem Videostill diesen Zwischenzustand des Übergangs sehen? In diesem Zwischenzustand nimmt, so Bergson an anderer Stelle, alles den Zustand des Bildes an. Das Bild, das er meint, ist aber nicht ein Bild im herkömmlichen Sinne, sondern stellt ein Objekt dar, das auf halbem Weg zwischen dem »Ding« und seiner »Vorstellung« steht.[78] Bergsons Bild, das der Leibniz'schen Monade nachempfunden ist, steht mit einem Bein in der Realität, mit dem anderen in der Sphäre der Repräsentation. Es ist autonom und materiell, also keine bloße Idee. Es ist aber auch kein Ding an sich, da es dazu sowieso keinen direkten Zugang geben kann – denn Dinge können nicht anders wahrgenommen werden als unter dem Aspekt ihrer Bildhaftigkeit. Für die Frage des Dokumentarischen ist diese Aussage von größter Bedeutung, denn dies bedeutet, dass sich die Dinge eben nie als solche zu erkennen geben, sondern immer schon Bild sind. Gleichzeitig gehören diese Bilder aber nicht einer spektakelhaften und idealistischen Ordnung des Scheins an, sondern sind materielle Gegenstände, die Bergson zufolge eine reale und konkrete Erfahrung ermöglichen.

Weist die Tränengaswolke auf dem Videostill also auf diese Bildwelt hin, auf einen Zwischenzustand, in dem das Virtuelle sich anschickt, aktuell zu werden, und in dem Bilder unentschlossen zwischen Dingen und ihren Darstellungen verharren? Stellt das Videostill einen Zustand dar, in dem Ding und Repräsentation, Echtheit und Spektakel, Fiktion und Realität untrennbar miteinander verquickt sind? Beantwortet es also die Frage, die der Protagonist von »Get rid of yourself« stellte: nämlich wie sich die Militanten als Bilder erschaffen?

Sind es diese Bilder, die eine politische Erfahrung ermöglichen, und nicht die Illusion eines authentischen Gewalterlebnisses? Obgleich Bergson mit seinem Begriff des Bildes durchaus nicht jene Bilder meint, die wir zu betrachten gewohnt sind, lohnt es sich, seinen Begriff auf die Frage des dokumentarischen Bildes anzuwenden und zu fragen, ob wir uns mit der realen und konkreten Erfahrung begnügen müssen, die dokumentarische Bilder selbst gewähren, anstatt hinter den Bildern, in der Sphäre roher Gewalt bzw. des authentischen Erlebnisses, nach ihr zu suchen. Klar ist: Das Videostill zeigt seine Gegenstände als Bilder im Bergson'schen Sinne, in dem die Personen nicht nur im Bild sind, sondern selbst Bilder geworden sind, Bilder, die agieren, um gesehen zu werden, Bilder, die sich gleichzeitig als Waren in einer Sensationsökonomie und als Erfahrung des authentischen Lebens entwerfen – mit einem Bein in der Realität, mit dem anderen im Spektakel. Im Gegensatz zu Agamben, der Erfahrung für nicht möglich hält, argumentiert Bergson, dass es diese Bilder sind, die eine konkrete und reale Erfahrung ermöglichen. Hat sich der Verdacht also bestätigt, und es sind tatsächlich Bilder und nicht authentische Erlebnisse, die eine politische Erfahrung ermöglichen? Oder haben Agamben und Jameson doch Recht gehabt, und mit jeder Ebene der Interpretation verstricken wir uns nur tiefer und tiefer in einen Mahlstrom der Bilder, dessen wirbelnde Wucht verhehlt, dass er sich um die gigantische Leere moderner Erfahrungslosigkeit dreht?

OHNE ABSICHT

Aber es gibt auch eine bescheidenere Erklärung des besagten Videostills und der Aufschrift: »Any Similarity To Actual Persons Or Events Is Unintentional«. Was, wenn wir uns nicht auf das Adjektiv »actual«, sondern auf »unintentional« (»unabsichtlich«) konzentrieren? Wenn Ähnlichkeit dem Schild zufolge unabsichtlich erzeugt werden kann, gilt dies vielleicht auch für politische Erfahrung. Vielleicht ist, allen finsteren Prophezeiungen zum Trotz, politische Erfahrung dennoch möglich, aber unabsichtlich. Nur wenn sie sich aus dem Teufelskreis von Mitteln und Zwecken befreit, blitzt ihre Möglichkeit auf – und nicht in ästhetisch-moralischen Traktaten oder vorhersehbaren Ritualen der Gewalt. Sie lauert vielleicht in der Unvorherseh-barkeit, die fast jeder Handlung innewohnt. Sie könnte sich in der Zone des Schattenreichs zwischen Realität und Fiktion kristallisieren und plötzlich die Spannungen des historischen Moments stillstellen. Vielleicht ereignet sie sich, ohne Absicht, wenn wir sie am wenigsten erwarten, durch Zufall oder aus Versehen. Während wir eine Zeitung lesen oder in einem Verkehrsstau feststecken. Und wer weiß – vielleicht sogar, wenn eine Tränengaswolke langsam am Horizont verrinnt.

Die Weberinnen

Dokument und Fiktion

Im Prado in Madrid hängt ein Bild, das aus dem Rahmen fällt. Inmitten von Portraits rachitischer Könige und eitler Granden ist eine Gruppe einfacher Frauen bei der Arbeit zu sehen. Das Bild »Las Hilanderas« (»Die Weberinnen«) von Diego Velázquez wird als Darstellung des Mythos der Arachne interpretiert. Das Bild hat zwei Ebenen. Im Vordergrund ist eine Werkstätte abgebildet, in der Arbeiterinnen Fäden spinnen. Im Hintergrund öffnet sich ein weiterer, lichtdurchfluteter Raum, in dem mehrere reich gekleidete Frauen einen an der Wand hängenden Teppich betrachten. Vordergrund und Hintergrund bilden starke Gegensätze: Während vorne eine eher kärgliche Arbeiterinnenszene abgebildet ist, sehen wir hinten Adlige und Götter in einer üppigen barocken Traumwelt. Während der Vordergrund eher dunkel gehalten ist, ist der Hintergrund lichtdurchflutet. Während vorne der Prozess der Herstellung des Wandteppichs abgebildet ist, sehen wir hinten das Ergebnis. Und während der Vordergrund sozialrealistisch dokumentierend wirkt, handelt es sich beim Hintergrund offensichtlich um eine nur zu Teilen reale Kulissenkonstruktion. Teppich und Betrachterinnen, Fläche und Raum, Gewobenes und Gemaltes verschwimmen und erzeugen eine perspektivische Illusion, in der Realität und Inszenierung ineinander übergehen. Es ist ungewöhnlich, ein klassisches Tafelbild mit dokumentarischen Arbeiten der Gegenwart zu vergleichen. Trotzdem sind die auftretenden Fragestellungen durchaus ähnlich. Denn vermischen sich nicht auch in diesen immer wieder Konstrukt und Material, Fiktion und Realität, Mythos und Produktion?

Ein Beispiel dokumentarischer Kunst, das Velázquez' Thematik in die Gegenwart überführt, sind Alan Sekulas dokumentarische Fotografien des Spielfilmsets für den Blockbuster »Titanic« (1998).[79] Ihr Thema ist die industrielle Herstellung einer Fiktion. Entstanden sind sie als Teil eines Projekts namens »Dead Letter Office«, einem Zyklus von Fotografien, der globale Momentaufnahmen von Schifffahrt, Fischfang und anderen Meeresangelegenheiten versammelt. Dieser wiederum ist Bestandteil einer noch größeren Serie namens »Titanic's Wake«. Die Setfotos des Titanic-Modells stehen im Zusammenhang dieser fragmenthaften Phänomenologie weltweiter Arbeitsverhältnisse, globaler Wirtschaftskreisläufe und gegenseitiger Abhängigkeiten. Sie handeln von den Produktionsumständen eines berühmten Hollywoodfilms von 1997. Bekanntlich erzählt der Film »Titanic« eine Liebesgeschichte an Bord des gleichnamigen Ozeandampfers, der während seiner Jungfernfahrt 1912 unterging und fast zweitausend Menschen mit in den Tod riss. Der klassisch-effektvolle Monumentalfilm wurde zum erfolgreichsten Film aller Zeiten und zementierte den Mythos des tragischen Untergangs des als unsinkbar geltenden Riesenschiffs.

Sekula interessiert sich jedoch weniger für diesen Mythos selbst als für die Umstände seiner Reproduktion durch Hollywood. Für die Dreharbeiten dieses Films wurden Teile der Titanic im Golf von Mexiko im Originalmaßstab nachgebaut. Mit Hilfe riesiger Gerüste wurden sie in eine fast vertikale Stellung geschoben, sodass ihr Untergang mit größtmöglichem Effekt verfilmt werden konnte. Sekulas Fotos zeigen die riesigen Gerüstgerippe, an denen die Titanic in verschiedenen grotesken Untergangswinkeln aufgehängt ist. Ähnlich wie auf Velázquez' Gemälde wird auf diesen Bildern die Werkstätte gezeigt, in der das Bild eines Mythos hergestellt und bearbeitet wird. In diesem Fall ist die Werkstätte eine Großbaustelle, ein riesiger Haufen aus Erdmassen und Beton. Aber Sekula zeigt auch die andere

Seite dieses Bildes, genauer noch: seine Außenseite. Die Texte, die er seinen Bilderserien hinzufügt, informieren uns über die Rahmenbedingungen der Dreharbeiten für Titanic. Der Grund, warum die Dreharbeiten nach Mexiko ausgelagert wurden – und das Eismeer in den Golf verlegt wurde –, liegt nicht in den Eigenschaften der dortigen Landschaft, sondern im dortigen Lohnniveau. Ein mexikanischer Arbeiter verdient wesentlich weniger als sein US-amerikanisches Pendant. In der Nähe des Fischerdorfes Popotla wurde das größte Süßwasserbecken der Welt errichtet, während es im Dorf selbst kein fließendes Wasser gab.[80] Wie monumentale Implantate überragen die Kulissen des Filmsets die aus Spanplatten gezimmerten Hütten dieses Dorfs auf einem anderen Foto dieser Serie. Die Rahmenbedingung für die Produktion des Monumentalfilms über die Titanic ist nichts anderes als ein globales Ausbeutungsverhältnis. Die armseligen Fischerhütten sind das Produktionsumfeld für die globale Kulturindustrie. Und ebenso wie in Velázquez' Bild kontrastieren arm und reich, Produktionsumfeld und Produkt, ein Mythos und die Bedingungen seiner Herstellung.

Wie in den »Weberinnen« sind in Sekulas Fotoserie Produktion und Produkt, ärmliche Umgebung und üppige Kulisse, Werk und Werkstätte nicht gänzlich voneinander getrennt, sondern unterliegen einer einheitlichen Gesamtkomposition. Die Gerüstkonstruktionen für die Titanic und die Sperrholzbuden der Fischer werden einander in einem Diptychon gegenübergestellt. Während das Titanic-Modell von unten aufgenommen ist, werden die Hütten von oben kadriert. Zusammengehalten werden beide Bilder durch einen Abhang, der auf beiden Fotos zu sehen ist und auf dessen Mitte sich der Fotograf positioniert zu haben scheint. Während in Velázquez' Komposition der entscheidende Gegensatz zwischen vorne und hinten verlief, ist in Sekulas Diptychon der Hauptwiderspruch jener zwischen oben und unten – ebenso wie auch im Film »Titanic« das Klassengefälle zwischen erster und dritter Klasse, zwischen Oberschicht und Arbeiterklasse, zwischen Ballsaal und Elendsquartier, zwischen der Höhe der Technik und der Tiefe des Eismeers die tragende Achse der Handlung darstellt. Die Komposition wirkt, als habe sich Sekula nur umdrehen müssen, um das Hors-Champ des Films »Titanic« zu fotografieren, einen Slum aus Gerümpel und Wellblechstreifen, angesiedelt im untersten Deck, ja im Maschinenraum der Weltwirtschaft, und somit auch im Falle eines Untergangs zuerst dem Eindringen der eisigen Fluten ausgesetzt.

Aus diesen Feststellungen ergibt sich eine überraschende Konsequenz. Die Fotos handeln nur auf den ersten Blick von der Herstellung der Fiktion, der Produktion des Mythos. In ihnen wird auch gezeigt, was *durch* die Fiktion hergestellt und *durch* den Mythos produziert wird. Sekula berichtet, dass das »Titanic«-Filmset die gesamte Umgebung und das Alltagsleben ihrer Bewohner veränderte. Durch das austretende Wasser des Süßwasserbeckens des »Titanic«-Sets wurde der Salzwassergehalt des Meeres so stark vermindert, dass sich die Dorfbewohner in ihrer Existenz als Muschelsammler bedroht sahen. Sekulas Fotos zeigen nicht nur die Herstellung der Fiktion in der Realität, sondern die Herstellung der Realität durch eine Fiktion.

In dieser Fiktion ballt sich ein ungeheures phantasmatisches Potenzial wie eine dunkle Wolke aus Angstschweiß und apokalyptischer Vorahnung zusammen. Diese Angst betrifft nicht nur die Folgen technischer Euphorie und enttäuschter Unsterblichkeitsfantasien. Denn rufen die Fotos nicht den ungeheuren Verdacht hervor, dass Realität an sich von Fiktionen dominiert wird? Entspringt die Wirklichkeit als Ausgeburt ultrakitschiger Monumentalfilme, von Werbeblocks und den unablässigen optimistischen Formeln des Selbstbetrugs, die die Menschen sich in Zeiten der Krise zwischen zusammengebissenen Zähnen selbst zumurmeln?

Der Theoretiker Slavoj Žižek behauptet, dass die Wahrnehmung von Realität schlechthin auf Fiktionen basiert.[81] Dem Psychoanalytiker Jacques Lacan zufolge kontrollieren grundlegende Fiktionen des »großen Anderen« den symbolischen Austausch innerhalb von Gesellschaften und somit die Wahrnehmung von Realität, ja die Konstruktion eines solchen Konzeptes selbst. Die fiktionale Instanz des »großen Anderen« bestimmt zwar, was als Faktum gilt, beruht jedoch selbst keineswegs auf wissenschaftlichen Fakten. Die Realitätsempfindung, durch die das Subjekt sich in der Welt verankert, »the way things ›really seem to me‹«[82], werde, so Žižek, unbewusst durch diese fundamentale Fiktion gestützt. Die Wirklichkeit bedarf eines »fantasmatic support«[83], eben jenes »großen Anderen«, der selbst multipel, fiktional und inkonsistent ist, aber trotzdem die Basis jeder Vorstellung von Realität und Wahrheit bildet. Für die dokumentarische Form, so argumentiert Elisabeth Cowie, nimmt ein *objet klein a* diese Funktion ein, das das Begehren nach dem Realen fetischhaft verdichtet. In Film und Fotografie entspricht das Auftauchen des *objet klein a* der Konfrontation mit jenen Momenten einer aufgezeichneten Wirklichkeit, die einen gewissen Zweifel hervorrufen und die Gegebenheit der Realität plötzlich in Zweifel stellen – etwa jenem klassisch reflexiven Moment, in dem die Produktion einer bestimmten Narration erhellt wird, wie etwa in Sekulas Setfotos. Ein bestimmtes Element des Bildes, der Szene, der Komposition erweckt plötzlich Zweifel an der Gesamtaussage, es weist auf die Existenz eines ganz Anderen und Unrepräsentierbaren hin. In den dokumentarischen Objekten *klein a* wird diese angstbesetzte Ungewissheit gleichzeitig gebannt und wiederholt.[84] Sie nehmen eine paradoxe Grenzfunktion ein und fassen die Realität für das Subjekt ein bzw. sichern das Subjekt als Subjekt ab.

Können wir also die Titanic-Staffagen mit jenem »fantasmatic support« vergleichen, jenem im wahrsten Sinne des Wortes

»großen Anderen«, an dem unsere Realitätswahrnehmung aufgehängt sein soll, wie eine Kulissenmalerei, die im Wind schlottert? Erweist sich also die »Realität« selbst als Mythos?

Oder verweist Sekulas Arbeit nicht auf wesentlich konkretere fiktionale Horizonte, an denen unsere Realitätswahrnehmung ausgerichtet ist, auf »fantasmatic supports«, die unser aller Leben strukturieren: den Glauben an den freien Markt und an seine Fortschrittswirkung, an die unsichtbare Hand, die wie jener »große Andere« von oben unser Leben ordnen soll, den Glauben daran, dass es in dem Boot, in dem wir alle sitzen, für jeden einen Rettungsring geben könnte, und auch die Überzeugung, dass wir nach vorne in eine bessere Zukunft segeln und nicht wie die Protagonisten von »Titanic« mit offenen Armen einem unabwendbaren Untergang entgegenstürzen …

DER STUMPFE BLICK DER WIRKLICHKEIT

Die Frage des Mythos bzw. des »fantasmatic support« bestimmter Realitätsvorstellungen wirft interessante Probleme auf, die die dokumentarische Praxis an sich betreffen. Denn beim Dokumentieren handelt es sich um eine Tätigkeit, die auf einer ganzen Reihe von Mythen basiert. Jeder dieser Mythen beinhaltet eine fundamentale Erzählung, auf die alle anderen zurückgeführt werden sollen. Neben dem Mythos der Arbeit als Instanz der Wahrheit der menschlichen Existenz sind dies etwa die Triebkräfte des psychischen Apparats, die Sprache oder der Text, die Vernunft oder das Leben als biologisches Faktum. In die dokumentarische Praxis übersetzen sich diese Mythen zum Beispiel als der Mythos des Alltags, der Mythos der Echtzeit, der Mythos des echten Lebens, der Mythos des reinen Beobachtens, die Logik der historischen oder juristischen Beweisführung, der Mythos der Information bzw. der Öffentlichkeit. Je nachdem, welche Ebene der Realität als Wahrheit aller anderen gelten soll, wird ein anderes Narrativ und eine andere Produktionslogik verwendet, um das heillose und intransparente Durcheinander der Wirklichkeit mit Sinn auszustatten. Wie ein Gott, dem der Plan seiner Schöpfung erst nachträglich eingefallen ist, gehen auch Dokumentaristen zu Werk, um aus den zersplitterten Fragmenten einer unerlösten Wirklichkeit notdürftig gekittete Teilstücke zusammenzufügen.

Am mythologischsten ist die dokumentarische Form ausgerechnet dort, wo sie sich ganz dem Herzeigen blanker Fakten und der Evidenz verschrieben hat. Denn die dokumentarische Geste der Offensichtlichkeit ist oft auch Produkt eines ungebrochenen Glaubens an die Kraft der Aufdeckung, der aufklärenden Enthüllung, und gerade deshalb tief in einem Mythos verankert, der den Glauben an ihre Wirksamkeit begründet. In ihrem kurz nach dem Zweiten Weltkrieg veröffentlichten Werk *Dialektik der Aufklärung*[85] erklären Adorno und Horkheimer die Beziehung von Mythos und Aufklärung. Die Aufklärung mit ihren Idealen von Transparenz und Evidenz, mit ihren komplizierten Wahrheitskalkülen und ihren naturalisierten Machtapparaten sei Widerschein jener magischen Praktiken, in denen das Unkalkulierbare und Uneindeutige durch Zauberformeln und Rituale getrennt, geordnet und gebannt werden sollte. Gerade der Glaube an die unanfechtbaren Werkzeuge der Wahrheitsproduktion – an Wissenschaft und Kalkül – beruht gemäß ihrer These in seinem Kern auf Mythos, Aberglauben und Ritual.

Verfällt der dokumentarische Gestus dementsprechend gerade in seiner aufklärerischen, ja oft journalistischen Emphase jenen Mythen, die er zu bekämpfen auszog? Wird die dokumentarische Evidenzproduktion unter ihrer rationalistischen Oberfläche von Ritualen und Zeremonien bestimmt, von dokumentarischen Jargons der Eigentlichkeit, von Mantras des Authentischen, Echten, Intimen? Ein ganzer Katalog dokumentarischer Clichés und Schablonen, von eingeschliffenen Gemeinplätzen und mythologischen Wahrheitskalkülen, ist an der Herstellung dokumentarischer Realität beteiligt. Gerade in jenem Moment, in dem die Welt in dokumentarischer Form erkennbar und wissbar geworden zu sein scheint, erweist sich, dass die Grundlagen dieses Wissen im Mythos verankert sind, in einer großen Fiktion, in der sowohl die Realität als auch das Subjekt als ihr Zentrum als solche erst kohärent, kalkulierbar, kontrollierbar und dokumentierbar gemacht werden.

Die These der Realität als Fiktion erklärt viele Aspekte dokumentarischer Artikulationen – etwa den Umstand, dass das chaotische Gerümpel der Realität nicht als solches in die dokumentarische Form eingeht, sondern im Rahmen einer Erzählung angeordnet wird, deren Ordnung sich aus dem Vorgefundenen keineswegs ergibt, sondern auf Vorstellungen eines heimlichen Masterplans hinter den Dingen basiert. Dieser Plan aber ist, wie Adorno und Horkheimer gezeigt haben, oft eher mythisch als rational, genauer noch: seine Rationalität ist mythisch, sie gehört dem Reich der Magie an. Insofern grenzt die dokumentarische Form an eine magische Praxis. Die Mythen der Rationalität, die ihr zugrunde liegen, jene »discourses of sobriety«, wie Bill Nichols sie nennt, sind symbolische Schilde, um den grässlichen Anblick einer Wirklichkeit zu ertragen, die uns so stumpf wie ein Medusenhaupt anglotzt. Nur im Rahmen dieser symbolischen Fiktionen kann die Realität in einen kohärenten und erzählbaren Ablauf gepresst werden, und diese Erzählung bildet gewissermaßen das Prisma, um aus dem sinnlosen Chaos der Dinge ihre Wahrheit herauszudestillieren. Und nur so ist vielleicht auch einer von Jacques Lacans rätselhaftesten Aussprüchen zu verstehen – dass Wahrheit sich nur in Form einer Fiktion deklariere.[86]

Doch Lacans Kalauer ist zwar schmissig, er geht jedoch am Kern des Problems vorbei. Denn obgleich der dokumentarische Gestus tief im Mythos verankert ist, geht er nicht in ihm auf. Auch wenn unsere Realitätswahrnehmung, zumal die dokumentarische, durch die verschiedensten mythologischen Narrative organisiert wird, heißt dies noch lange nicht, dass zwischen Fiktion und Realität kein Unterschied besteht. Wie Michael Renov formuliert, »bewohnen« Fiktion und Realität einander zwar – sie sind aber nicht identisch.[87] Dieser Unterschied wird in jenen psychoanalytischen Theorien vernachlässigt, die die gesamte Realität in den Schatten eines fiktiven »großen Anderen« stellen. Sie sitzen selber einem Mythos auf, nämlich dem klassisch psychoanalytischen Mythos, dass der psychische Apparat aller Menschen und die Dynamik ihrer Begehren der geheime Bauplan der Welt seien.

Aber es gibt auch etliche Fragen, die im Rahmen dieser Theorie nicht zu beantworten sind. Denn wie verläuft der Transfer vom mythologischen Narrativ zur Realität? Wie schafft es etwa die fiktionale Titanic, ein reales Dorf in ihrem Kielwasserstrudel mitzureißen? Dieses Problem verlangt nach spezifischeren Antworten, als sie generelle und auch generalisierende Aussagen über die menschliche Psyche geben können. Sie können uns zwar Auskünfte über den Horizont und die Grenzen der Realitätswahrnehmung anbieten. Aber sie vermögen nichts darüber zu sagen, welche Fiktionen sich in die Realität umsetzen, warum und wie. Zudem laufen sie Gefahr, eine Grenze zwischen Fiktion und Realität zu verwischen, die zwar durchlässig ist, nichtsdestotrotz jedoch zumeist bestehen bleibt. Denn auch wenn Ereignisse jenseits jeglichen Vorstellungsvermögens liegen, so bleiben sie dennoch real. Und das sogar dann, wenn, wie wir im zweiten Kapitel gesehen haben, niemand darüber Auskunft geben kann.

DIE STADT GOTTES

Das Verhältnis von Realität und Fiktion ist Thema von Omer Fasts Arbeit »Godville«. Sie spitzt das Problem der fiktiven Erzählungen, die unsere Realitätswahrnehmung strukturieren, weiter zu. »Godville« ist eine 50-minütige Video-Doppelprojektion. Es geht um eine Stadt namens Williamsburg in West Virginia, die in ein Freilichtmuseum verwandelt worden ist. Ihre Bewohner laufen in historischen Kostümen herum und nehmen die Rollen fiktiver Gestalten aus der Kolonialzeit an. Die Installation »Godville« besteht auf der einen Seite aus Ansichten der Stadt, fast menschenleeren Außen- und Innenräumen, in denen architektonische Historismen als wächserne Stillleben reproduziert werden. Auf die andere Seite der Leinwand werden drei Interviews mit Stadtbewohnern projiziert. Die Protagonisten sitzen in historischen Kostümen vor der Kamera. Ihre Aussagen werden zu einem Redefluss montiert, der ihren Alltag in der Gegenwart und ihre historischen Rollen zu einem einzigen Redeschwall vermischt. So verschwimmen in der Aussage des Protagonisten Jack Burgess seine Rolle als Teilnehmer des ersten Golfkriegs und seine Rolle als Kombattant im Unabhängigkeitskrieg, seine Erlebnisse als realer und fiktiver Soldat. Es entsteht ein auf der Tonebene nahtloser, auf der Bildebene durch wilde Jump-Cuts strukturierter, teils sinnvoller, teils absurder Wortschwall, der Vergangenheit und Gegenwart, Realität und Fiktion, privates und berufliches Leben vermengt. Die Eingriffe des Künstlers ins Material sind geradezu überdeutlich sichtbar. Teilweise nach fast jedem Wort weist ein Jump-Cut darauf hin, dass hier eine wilde Stückelung vorgenommen wurde und der Regisseur seinen Protagonisten sozusagen ihre eigenen Worte in den Mund gelegt hat. Mit dieser Methode wird ein Prinzip auf die Spitze getrieben, das eigentlich in fast jeder Interview-Montage am Werk ist, das üblicherweise aber so stark vertuscht wird, dass der Zuschauer es kaum merkt. Denn fast jedes filmische Interview ist ein montierter Kompromiss zwischen den Aussagen der Protagonisten und der Vorstellung des Regisseurs darüber, was sie eigentlich sagen sollten. Je nachdem tendiert das Ergebnis mal mehr die eine, mal mehr in die andere Richtung. Ein Interview ganz ohne Eingriffe ist kaum vorstellbar, zumal schon die Fragen, die Kadrage etc. Beeinflussungen der Aussagen darstellen. Insofern sind Montagen Kreuzungspunkte, an denen sich zwei Narrative vermitteln: das des Protagonisten und das des Monteurs, der daraus oft erst eine kohärente Erzählung macht. Die Aussagen der Befragten werden einem Narrativ unterworfen, das festlegt, was sie sagen sollen. Fast treibt diese Strategie ins Extrem und lässt das Narrativ in pure Fiktion abdriften. Er konstruiert einen Redefluss, dessen weitgehende Erfindung offensichtlich ist.

Aber durch dieses Verfahren wird auch die Fiktionalität der meisten anderen Montagebögen thematisiert. Folgen diese nicht ebenfalls dramaturgischen Kurven, artifiziellen Spannungsmustern, die eine nicht immer kohärente Rede aufbereiten? In Fasts Fall fällt dies nicht nur deswegen auf, weil das Bild entgegen allen klassischen Montageregeln geschnitten ist, sondern auch deswegen, weil die Erzählungsschleifen wahllos von sinnvollen Passagen in offensichtlichen Unsinn abdriften, weil delirante Monologe geschaffen werden, die den Krieg gegen den Terror, den religiösen Eifer der Kolonisten, die afroamerikanische Bürgerrechtsbewegung und den Patriarchalismus der Siedler in einem Satz kombinieren. Fast unmerklich werden ultrareligiöse Vergangenheit und fundamentalistische Gegenwart fusioniert, und es entsteht das Panorama einer Gesellschaft, die sich im permanenten religiösen Krieg befindet. Rollenspiel und reales Leben, Gegenwart und Vergangenheit, Puritanismus und Evangelismus werden so heillos miteinander vermischt, als sei jene gleißende und hochheilige Stadt Gottes, die Fast in seinem Titel beschwört und die Augustinus in einem Traktat des gleichen Namens beschrieb, auf jene irdische Stadt hinabgestürzt, die dem Kirchenvater zufolge der Verdammnis und dem Verderben ausgeliefert sein soll. Nun liegen ihre Trümmer ununterscheidbar ineinander verkeilt, und die Stadt Gottes – »Godville« – wirkt wie ein städtisches Weichbild, das sich so weit in die Stadt hineingefressen hat, dass sonst nichts von ihr übrig geblieben ist.

In fast jedem Moment der Montage ist offensichtlich, dass dieses Verfahren – ebenso wie die Schlüsse, die aus den Aussageserien gezogen werden können – Fasts eigenes Narrativ darstellt und keineswegs aus dem Material selbst hervorgeht. Der Effekt ist jedoch paradox: Denn gerade weil es sich bei der Montage offensichtlich um eine fiktive Konfabulation handelt, gelingt es Fast, nicht die Realität der Situation einzufangen, sondern ihre Wahrheit zu formulieren: die politische bzw. religiöse Wahrheit einer Situation, in der Fiktion und Realität sich gewalttätig ineinander verbissen haben. Die irdische Stadt, die Polis, und mit ihr auch das Politische, ist von einer imperialistischen Civitas Dei verdrängt worden, die immer stärker expandiert. Es entsteht ein pointiertes Bild davon, wie in Gesellschaften, in denen religiöse Mythen Macht über die Angelegenheiten der Welt besitzen, ebenso zufällig und planlos zwischen den irdischen und den göttlichen Dingen hin und her gezappt wird wie in Fasts deliranten Monologen.

Besonders augenfällig wird Fasts Verfahren jeweils in den letzten Passagen der Interview-Montagen, in denen er ganz offensichtlich Sätze aus einzelnen Wörtern zusammenbaut, etwa in einer Sequenz mit einem Protagonisten namens Will. Denn Wills Aussagen münden am Ende des Interviews in eine mantraartige Sequenz, in der Fast ihn über die Natur Gottes reflektieren lässt. Aus Interviewbruchstücken wird eine Litanei zusammengebaut, die immer wieder mit den Worten »God is ...« beginnt und die mit überraschenden Attributen endet. Fast bzw. Will zufolge ist Gott ein Stern, Gott ist im Gefängnis, Gott ist ein Transformator, Gott ist ein Ökonom, und zu guter Letzt ist Gott auch ein Afroamerikaner, basta. Während die zwei ersten Schnitte immer gleich sind, kombiniert Fast in der Montage immer wieder neue erstaunliche Attribute von Gottes Namen. Die Sequenz ist auf den ersten Blick lustig, sie untergräbt den hochheiligen und total neurotischen Unsinn der anderen Passagen durch den offensichtlichen Unfug, ja Schabernack, der mit dem Namen Gottes getrieben wird. Die Konstellation wirkt wie eine Parodie auf die negative Theologie des Dionysos Areopagita, die aus seitenlangen Aufzählungen all jener Attribute besteht, die Gott nicht zukommen. Aber vielleicht handelt es sich auch nicht um eine Parodie, sondern um eine ganz reale Deklination der Namen Gottes. Die Suche nach den verborgenen Namen Gottes ist eine der ursprünglichsten Übungen, um einen geheimen Plan der Welt zu erforschen und durch seine Entschlüsselung auch Macht über sie zu erwerben. Die Variationen der verschiedenen Gottesnamen, so nahm man an, stellten einen Bauplan der Welt dar, einen geheimen Plan der Schöpfung, der durch Meditation und Wiederholung zur Vereinigung mit Gott führe. In »Godville« wird eine Litanei arrangiert, in der selbst die profansten Dinge des Alltags zu Namen Gottes erhoben werden.

Einerseits kann dieses delirierende Mantra als eine Art fröhlicher Pantheismus verstanden werden, eine heitere Anrufung Gottes in den Dingen der Welt. Auf der anderen Seite kann es jedoch auch das Gegenteil bedeuten: Wenn Gott in allen Dingen ist, bedeutet dies auch, dass es keinen Platz mehr gibt, an dem man vor diesem Gott sicher wäre. Gott überschwemmt die Welt und zerstört damit den Bereich der Weltlichkeit. Aber dieser allgegenwärtige Gott ist weltlicher Natur – er ist von Menschen geschaffen und wird von ihnen benannt. Insofern ist die ultrareligiöse Welt blasphemisch. Indem sie sich zum Schöpfer Gottes macht, ihn planlos und unkontrolliert vervielfältigt und die irdische Stadt mit der himmlischen kollidieren lässt, erhebt sie sich über einen Gott, der nach der Schöpfung die Welt bis auf gelegentliche Wutausbrüche in Ruhe ließ. Insofern ist »Godville« auch eine Arbeit darüber, wie die Welt, und mit ihr die Polis, die irdische Stadt und ihre Urbanität, verschwinden und die Fratze Gottes uns aus allen Dingen anlacht. Und vielleicht sind jene dokumentarischen Mythen, die sich auf Rationalismus und Wissenschaftlichkeit berufen, eine Art Zauberformel, um den fürchterlichen Anblick einer Welt zu ertragen, in der ein Gott uns aus den banalsten Dingen anstarrt.

SCHAFFT GOTT DIE WELT ODER SCHAFFT DIE WELT SICH IHRE GÖTTER?

Unmerklich haben wir die Frage der Fiktion umkreist und haben uns ihr von der anderen Seite her genähert. Die Frage bleibt dieselbe: Sind Fiktionen imstande, Realität zu erschaffen, und wie? Und was hat das mit der dokumentarischen Form als solcher zu tun? Diese Problemstellung reicht weit über die klassische dokumentarische Fragestellung hinaus, ob die Realität angemessen, objektiv, wahr oder realistisch abgebildet wird; sie stellt den Repräsentationsansatz als solchen in Frage. Wenn wir sie ernst nehmen, verschiebt sich das Problem, wie sich die Welt in der Repräsentation abbildet, hin zur Frage, wie Bilder, Aussagen und Zeichen neue Welten erschaffen und ermöglichen. Es geht nicht länger darum, wie die Realität sich im Bild repräsentiert findet, sondern umgekehrt darum, welchen Einfluss Bild, Ton und Aussage auf die Erschaffung von Realität haben.

Im Bereich der Politik wurde dieses Problem von Hannah Arendt erkannt, als sie die Lüge als eine der kreativsten politischen Kräfte definierte und sie als produktives Instrument ihrer eigenen Realisierung analysierte.[88] Demnach sind dokumentarische Bilder Entwürfe einer Realität, wie sie werden soll. Die Realität wird nach ihrem Abbild geformt, nicht umgekehrt. Gerade im Bereich der Propaganda ist dieser Einsatz dokumentarischer Bilder stark verbreitet. In abgemilderter Form findet sich dieser Aspekt jedoch in mehr oder weniger allen dokumentarischen Formen. Dokumentarische Arbeiten sind nicht nur Abbilder, sondern Appelle, Vorbilder, Anweisungen, Anleitungen, ja ganze ethische Traktate, mit denen Haltungen zur Welt vorgeschlagen und eingeübt werden.

Aber Fiktionen sind nicht nur Vorbilder, die den Menschen aufgrund seines mimetischen Triebes dazu zwingen sollen, sie nachzuahmen. Sie stellen auch Produktionsverhältnisse dar, die dem Bereich des Ökonomischen und Sozialen nicht äußerlich sind, sondern ihn komplett durchdrungen haben. Der interessanteste Ansatz, um die Wirkung von Fiktionen auf die Realität zu analysieren, stammt daher aus dem Bereich der Analyse medialer Produktionsverhältnisse. Der Philosoph Maurizio Lazzarato dreht die Perspektive klassischer Repräsentationskritik um und verortet die Fähigkeit von Bildern, Aussagen und

Zeichen zur Schaffung möglicher Welten in den veränderten ökonomischen Umständen der postfordistischen Ära.[89] Der Schwerpunkt der postfordistischen Produktion habe sich von der Herstellung von Gütern auf die Herstellung von Umwelten, Stilen, Images und Lebensweisen verschoben. Insofern sei Produktion biopolitisch geworden, sie beeinflusse das Leben selbst.[90]

Diese These führt uns auf die Produktionsverhältnisse zurück, in die etwa ein Blockbuster wie der oben erwähnte Film »Titanic« eingebettet ist. In einer solchen Perspektive stellt ein kulturindustrielles Produkt wie der Blockbuster das Leben nicht dar, sondern her. Er schafft eine Welt, in der die Zeit in Fortsetzungen eingeteilt wird und der Raum in Multiplexe zersplittert. Der Blockbuster, so Drehli Robnik, ist »eine bildförmige Perspektive auf die Bildförmigkeit sozialer Beziehungen«[91]. Dieses Kino, so Robnik, ist nicht vorrangig Produkt von Produktionsverhältnissen, sondern selbst ein Produktionsverhältnis, das Zeichen, Vermögen, Affekte, Subjektivitäten zueinander in ein Verhältnis setzt. Innerhalb dieser Produktionsverhältnisse wird die Realität gemäß ihrer Abbildung erschaffen und nicht umgekehrt. Auf diese Weise werden kulturindustrielle Mythen produktiv, und gerade dieses Verhältnis ist es, das Sekula in seinem Diptychon verdichtet. Eine Welt, in der die sogenannte Traumfabrik auf alle Bereiche der menschlichen Existenz übergreift und nicht nur die Träume und Begehren sowie die Verhältnisse der Menschen zueinander, sondern sogar ihre ganz materielle Wasserversorgung verändert.

Der Vorgang der Realisierung von Fiktionen hat auch eine wesentlich finsterere Seite. So beschreibt Hannah Arendt den Extremfall einer solchen Verwirklichung: Die nazistische Propaganda mit ihren paranoiden Hirngespinsten wurde Schritt für Schritt in die Realität umgesetzt. Die Auslöschung der Unerwünschten aus Darstellung und politischer Vertretung nahm auch ihre reale Eliminierung vorweg.[92] Szenarien der Vernichtung und des Massenmordes werden durch Fiktionen wie

Verschwörungsfantasien oder Rassentheorien in die Realität umgesetzt. Im weniger schlimmen, ja eigentlich schon normalen Fall dringen Mythologeme wie sich auf »Rasse« oder Religion berufende Fundamentalismen in die Wirklichkeit ein und übernehmen zusehends die Macht.

Lazzarato glaubt indessen auch, dass die Realisierung von Fiktionen eine Möglichkeit zur Realisierung emanzipatorischer Begehren und Wünsche ist. Denn wenn das Schlimmste realisiert werden kann – wieso nicht auch das Beste? Fiktionen sind mit einer Potenz aufgeladen, die ihr schöpferische Kraft verleiht – sowohl im positiven wie auch im negativen Sinne. Nicht nur *potestas*, also Macht und Gewalt, sondern auch *potentia*, die Potenzialität einer anderen möglichen Welt, ballen sich in Fiktionen zusammen, die auf ihre Realisierung drängen.

MÄRCHENVERNUNFT

In seinem Text »Das Ornament der Masse«[93] verweist Siegfried Kracauer auf einen Zug der Aufklärung, den er die Märchenvernunft nennt. Diese Märchenvernunft stellt einen Ausweg dar, um dem ständig drohenden Umschlag von Aufklärung in Mythos zu entgehen. Denn die Aufklärung ist historisch unvollendet und in einer Zweckrationalität stecken geblieben, die heillos im Mythos gefangen ist. Es ist daher notwendig, diesen Stillstand entschlossen zu durchbrechen und auf die andere Seite der Aufklärung vorzustoßen. Aber diese andere Seite liegt nicht im Mythos, sondern im Märchen. In den oft exotischen Märchen der Aufklärungszeit, den Fabeln aus dem Serail und den Geschichten aus Tausendundeiner Nacht sieht Kracauer die Vernunft vollendet. Erst dort, wo die Wünsche befreit und nicht mehr dem Diktat des Sachzwangs oder Verwertungsdrucks unterworfen sind, wird Aufklärung Realität. Spurenelemente der Märchenvernunft lassen sich Kracauer zufolge auch in den blödsinnigsten Produkten der Kulturindustrie finden. Wie er am Beispiel der Tillergirls, einer Revuetruppe der 1920er Jahre demonstriert, ist die mechanische Anordnung von Mädchenbeinen, aus denen die Show besteht, nicht nur Ausdruck einer Gesellschaft, die durch die Produktionsweisen des Fließbands geprägt wird. In den abstrakten Mustern, die diese isolierten Körperteile bilden, scheint auch eine Ordnung durch, die nicht natürlich ist – und daher Rettung versprechen kann. Diese Ordnung muss erst realisiert werden, und sie kann die Verhältnisse zwischen den Dingen radikal verändern. Die Befreiung der Dinge vom zweckrationalen Sachzwang klingt noch im letzten kulturindustriellen Affektkitsch an. In der Dürftigkeit der Erfahrungen, die sie vermarkten, in ihren Vorspiegelungen besserer oder anderer Welten steckt immer auch die Möglichkeit, dass eine andere Welt zu realisieren sei und dass das sinnlose Gerümpel der Welt endlich erst in eine vernünftige Ordnung gebracht werden muss. Diese Ordnung liegt nicht am Ursprung, sondern in der Zukunft. Sie fällt einem nicht als Erbe zu, sondern durch entschlossene Verwirklichung der Gegenwart. Erst wenn man sich durch meterdicke Breiwände hindurchfressen darf, erst wenn eine Fee auftaucht, die einem alle Wünsche erfüllt, erst in der wunderbaren Ankunft der Gerechtigkeit[94] kann von einer vernünftigen Realität überhaupt erst die Rede sein. Eine solche Realität herzustellen ist die paradoxe Aufgabe dokumentarischer Formen.

Die unterbrochene Gemeinschaft

Ein Gruppenbild aus Küba

»Die Szene ist uns wohl bekannt: Leute sind versammelt, und jemand erzählt ihnen etwas. Von diesen versammelten Leuten weiß man noch nicht, ob sie eine Versammlung bilden, ob sie eine Horde oder ein Stamm sind. Wir nennen sie aber ›Brüder‹, weil sie versammelt sind und weil sie derselben Erzählung lauschen.«

Jean-Luc Nancy[95]

Zunächst, während man noch durch heruntergekommene, vollgekritzelte, labyrinthische Korridore läuft, hört man ein anschwellendes, endloses Murmeln. Und dann der Raum: 40 Monitore, in einer leeren Industriehalle zu mehreren Reihen arrangiert. Die Geräuschkulisse ist überwältigend. 40 Stimmen aus verschiedenen Monitoren vermischen sich zu einem vielstimmigen Chor, der jeden Wortinhalt übertönt und nur noch als reiner, in sich modulierter Sprechgesang wahrgenommen werden kann.

Die Rede ist von der Installation »Küba« des Künstlers Kutlug Ataman, die im Sommer 2005 in London in einer leeren Postsortierstelle ausgestellt wurde.[96] Auf jedem der 40 Monitore ist ein Interview mit einem Bewohner der Siedlung Küba am Rand von Istanbul zu sehen. Und da diese Geschichten alle auf einmal zu hören sind, ist nichts mehr zu vernehmen außer dieser Vielheit selbst: ein akustisches Bild einer Gemeinschaft, die zunächst undefiniert ist.

Damit sind wir aber mitten in der Frage, was eine Gemeinschaft eigentlich ausmacht. Und diese Frage wird zu einem Zeitpunkt immer brisanter, an dem Gesellschaften zersplittern, Kulturkämpfe provoziert werden, Nationalstaaten untergehen und Identitäten gleichzeitig übersteigert werden und sich auflösen. Obwohl wir wissen, dass Gemeinschaften Artefakte der

Einbildung sind, ist diese Fiktion doch ein Grund zum Töten. Fast könnte man sagen: Je weniger theoretisch an Gemeinschaft geglaubt wird, desto mächtiger werden ihre Gesetze in der Praxis. Gleichgültig ob die Zugehörigkeit zu diesen Gemeinschaften freiwillig ist oder unfreiwillig, durch Übereinkunft entsteht oder von vornherein festgelegt ist: Wer aus allen Banden von Gemeinschaft fällt, ist heute wie damals vogelfrei.

Die Gegenwart ist aber gerade dadurch gekennzeichnet, dass es immer mehr Menschen gibt, die ganz oder teilweise aus den Banden der Gemeinschaft herausfallen. Seit dem 20. Jahrhundert nimmt, wie Hannah Arendt anschaulich dargestellt hat, die Anzahl derer zu, die sich auf keine Gemeinschaft mehr berufen können.[97] Schlimmer noch: Durch ihre Verfolgung und im Extremfall Tötung versichern sich die existierenden Gemeinschaften ihrer selbst. Welche Formen der Organisation existieren nun für jene, die von nationalen und kulturellen Gemeinschaften verstoßen werden? Stellt »Küba« vielleicht ein Bild einer solchen ganz anderen, möglicherweise zukünftigen Art der Gemeinschaft dar? Und ist diese Gemeinschaft ein Ort des Schutzes oder eher ein gefährlicher und ausgesetzter Raum?

WAS IST GEMEINSCHAFT?

Aber was ist überhaupt eine Gemeinschaft, und was unterscheidet sie von einer Gruppe oder Gesellschaft? Laut Jean-Luc Nancy entsteht die Gemeinschaft durch einen gemeinsamen Mythos.[98] Nancy erfindet eine Szene, in der eine Gruppe im Kreis sitzt und einem Geschichtenerzähler lauscht. An einem bestimmten Tag, so Nancy, habe einer aus einer Gruppe innegehalten, oder vielleicht sei er oder sie auch wieder aufgetaucht, wie nach einer langen Abwesenheit oder einem mysteriösen Exil.[99] Dann habe diese Person mit ihrer Erzählung begonnen. Dadurch dass sich die Gemeinschaft in der Erzählung wiedererkennt, verwandelt sich eine bloße Geschichte in einen Mythos. Und durch die Identifikation mit dem Mythos wird eine Gruppe zur Gemeinschaft, da sie in ihm ihren gemeinsamen Ursprung wahrnimmt. Der Mythos inszeniert ein ganz bestimmtes bühnenartiges Bild einer Gemeinschaft: Einer spricht, und die anderen versammeln sich und hören zu.

Aber genau diese enge Verbindung von Mythos und Gemeinschaft macht den Begriff auch problematisch. Nancy weist darauf hin, dass es sich bei »Gemeinschaft« um ein mehrfach diskreditiertes Konzept handelt. Die Vorstellung einer organischen Schicksalsgemeinschaft ist politisch nicht nur reaktionär, sondern auch einer der Eckpfeiler faschistischer Ideologie. Die Illusion der im Mythos begründeten Gemeinschaft habe sich, nachdem sie in der Romantik neu aufgelegt wurde, auch im Abgrund nazistischer Mythologie materialisiert, in völkischem Rassendenken und letztlich auch im totalen Bankrott des Mythos selbst.[100] Dieser totale Bankrott hat auch den Begriff der Gemeinschaft vollständig korrumpiert. Da Nancy aber vom französischen Begriff *communauté* her denkt, stellt sich die Frage für ihn anders. Denn das Wort *communauté* provoziert auch das Nachdenken über den Kommunismus.[101] Nancy schreibt das Scheitern seiner Realisierung einem Modell von Gemeinschaft zu, in der sich die Mitglieder vor allem über Arbeit definieren.[102] Wie aber zu einem Entwurf von Gemeinschaft, also zu einem anderen, neuen Kommunismus kommen, der sich von Ursprung, Arbeit, Essenz und somit von den dazugehörigen archaischen Mythen losreißen kann? Wie kommen wir zu einer inoperativen, einer entwerkten Gemeinschaft, einer, die nicht in finsterer Vergangenheit verloren wurde, sondern die vor uns liegt?

Nancys Anwort ist einfach: durch die Unterbrechung des Mythos. Die Gemeinschaft, die nach der Unterbrechung des Mythos entstehen kann, ist laut Nancy eine uneingestandene Gemeinschaft[103], eine Gemeinschaft ohne Ursprung und Grund. Und diese Gemeinschaft ist auch nicht mehr durch Homogenität geprägt. Niemand verschmilzt in ihr mit dem Nächsten oder gar mit dem Volkskörper. Die mythenlose Gemeinschaft entsteht stattdessen durch die gemeinsame Erscheinung singulärer Individuen. Nancy verwendet dafür den Begriff *comparaître*, der die Bedeutungen von »zusammen« und »erscheinen« verdichtet und auch als »zusammenscheinen« übersetzt werden könnte.[104]

Was aber haben diese seltsamen Begriffe mit Atamans Installation »Küba« zu tun? Vielleicht mehr, als dies auf den ersten Blick der Fall zu sein scheint. Denn auch in Atamans Installation wird das Gruppenbild, das in der Installation artikuliert wird, nicht durch einen Mythos zusammengehalten, der von einer einzelnen Person einer stumm lauschenden Gruppe vorgetragen wird. Stattdessen erzählt jeder und jede der Abgebildeten eine eigene Geschichte. Die Gruppe wird durch den Akt des Geschichtenerzählens selbst vereinheitlicht. Alle reden und keiner hört zu. Der einheitliche, eindeutige Ursprung verliert sich im synchronen Gemurmel der Vielen. Es gibt so viele potenzielle Mythen, dass sie sich gegenseitig unterbrechen und einander ins Wort fallen. Atamans Installation inszeniert nicht die Erzählung des Mythos, sondern eine Kakophonie von Mythen – und somit fast wortwörtlich die Unterbrechung von Mythen durch sich selbst. Auch Nancys seltsamer Begriff des Zusammenscheinens der Individuen findet eine fast direkte Umsetzung durch Atamans Eingriff. Denn in dieser Installation leuchten die Einzelnen im flackernden Licht der Monitore zusammen, ohne dass ihre Geschichten dadurch weniger eigen würden. Und diese Geschichten münden auch nicht in eine gemeinsam gebrüllte Parole, sondern in ein Wortgewirr, das nichts anderes ist als akustische Differenz.

Wir können dieses Arrangement also aus zwei verschiedenen Perspektiven analysieren. Auf der einen Seite können wir es als Artikulation einer ungewöhnlichen Gemeinschaft verstehen, als formales Experiment mit einer sozialen Komposition. Auf der anderen Seite können wir uns aber auch auf Ataman als den eigentlichen Geschichtenerzähler konzentrieren und fragen, welche Gruppen sich um seine Erzählung herum bilden. Und das sind eben nicht die Bewohner von Küba, sondern das Publikum der Installation.

WO IST KÜBA?

Kommen wir zunächst zu der Gruppe, die Ataman in seiner Installation porträtiert hat. Die Geschichtenerzähler auf den Monitoren sind Bewohner des slumartigen Stadtteils Küba irgendwo in Istanbul, von dem nicht klar ist, ob er wirklich existiert. Einer Legende nach war das erste Gebäude eine Art Unterstand auf einer Schafweide, später folgten weitere. Auch um den Namen des Stadtviertels ranken sich verschiedene Mythen. Während einige behaupten, dass er sich auf Kuba als sozialistisches Land bezieht, meinen andere, dass ihr Stadtteil damals, in einer grauen Vorzeit, ebenso autark wie Kuba gewesen sei. Die Bewohner scheinen oft Kurden zu sein, manche ehemalige Linke, die sich auf die verschiedensten Weisen durchs Leben schlagen, die jüngere Generation auch durch Drogenschmuggel. Aber dies sind nur leere Worthülsen, die sich auf eine Gruppe beziehen, die in der Installation als Ansammlung von Individuen erscheint: Poeten, Fußballspielerinnen, Religionsschüler, Vogelliebhaber, Schlagerfans, Erfinder – keine noch so lange Liste von Attributen würde ausreichen, um die Bewohner auf einen Nenner zu bringen. Die 40 Geschichten, die erzählt werden, unterscheiden sich stark voneinander; allerdings gibt es auch Themen, die durch mehrere Geschichten hallen, etwa Repression, Kriminalität, und immer wieder Gewalt in der Ehe.

Diese jähen und oft brutalen Ereignisse werden in verschiedenen Geschichten variiert, tauchen an unvermuteter Stelle wieder auf und erzeugen im vielstimmigen Gemurmel so etwas wie Refrains. Es ist vor allem die ältere Generation, die von politischer Repression erzählt. So berichtet ein gewisser Dogan, der sich selbst zu einem Marxisten ausbildete, davon, wie er immer wieder im Alltag seinem Folterer begegnet. In anderen Geschichten geht es um das Verbot, Kurdisch zu sprechen, um den Gefängnisalltag, die Folter im Spezialgefängnis oder auf der Polizeistation. Die jüngere Generation hingegen bewegt sich in einem weitläufigen Niemandsland zwischen Popkultur und Kleinkriminalität. Vom Enrique-Iglesias-Fan bis zum ehemaligen Religionsschüler ist alles dabei. Die Aussagen sind stark individualisiert und ergeben ein disparates Bild. Der Eindruck eines Epochenbruchs irgendwo zwischen den Generationen ist unausweichlich, ebenso der Eindruck, dass »Küba« für die Älteren und »Küba« für die Jüngeren ganz unterschiedliche Territorien sind.

Küba sei früher wie ein Dorf gewesen, erzählt einer, in dem weder Sprache oder Religion noch »Rasse« wichtig gewesen seien. Ob dies heute noch der Fall ist, steht zu bezweifeln. Denn die Gemeinschaft der Gegenwart wirkt von Clanstrukturen bestimmt, von archaischen Codes, die vor allem die Lebensgeschichten der Frauen prägen. In ihren Erzählungen geht es fast immer um unglückliche, arrangierte Ehen mit schlechten Männern, um Clanfehden und Gewalterfahrungen mit der Polizei – egal in welcher Generation. Hat in den Leben der Frauen ein Epochenbruch jemals stattgefunden? »Castros Winde wehen nicht mehr«: Diese Aussage aus einem der Katalogtexte bringt das Gefühl auf den Punkt, dass die Geschichte der Solidargemeinschaft der Randständigen den Alltag nicht mehr tragen kann.

Vielleicht steht »Küba« für eine wenn nicht entwerkte, so zumindest arbeitslose Gemeinschaft – allerdings wirkt die längst nicht so rosig wie in Nancys Vorstellungen. Wenn Nancy damit Recht hat, dass die Gemeinschaft nicht etwas sei, was hinter uns liege und durch das Modell der Gesellschaft abgelöst worden sei, sondern im Gegenteil nach dem Zerfall der Gesellschaft komme und daher in der Zukunft liege, dann könnte »Küba« auch ein Modell dieser Zukunft sein: eine Gemeinschaft, in der die nachmoderne Prekarisierung aller Lebensbereiche weit fortgeschritten ist und die darauf mit Mustern reagiert, die eben nicht aus der Vergangenheit stammen, sondern aus unser aller

Zukunft. Küba präsentiert sich als eine Gemeinschaft, in der das, was wir uns bisher als Zukunft vorgestellt haben, schon – in der Vergangenheit liegt. Denn Küba ist bereits in der Zeit nach dem Ende seiner Geschichte angelangt. Der Fortschritt ist vorbei, und jetzt läuft die Zeit irgendwie weiter, bis sie einfach stehen bleibt.

VERBINDUNG DURCH TRENNUNG

Aber die Analyse dieser Gemeinschaft – so wie sie sich in der Installation präsentiert – als partikular und tendenziell regressiv erfasst nur einen Teil des Bildes. Denn die Installation »Küba« hat uns etwas wesentlich Allgemeineres über Gemeinschaft zu erzählen. Sie zeigt uns nicht nur Bilder von Küba, sondern auch ein Bild davon, wie unsere eigenen Gemeinschaften durch Mythen – oder ihre Unterbrechung – organisiert sind. Denn die polyphone Erzählung von »Küba« verstreut auch das metropolitane Kunstpublikum im Raum. Es zerfällt in Kleingruppen und Einzelne, die isoliert vor Fernsehschirmen sitzen und den verschiedenen Geschichten zuhören. Ab und zu bewegt sich jemand von einem Monitor zum anderen. Niemand spricht, niemand antwortet. Das Publikum ist aufgelöst, es schweigt. Kaum zwei Besucher sehen dieselben Bilder, sodass der Austausch darüber erschwert ist. Jeder Einzelne und jede Einzelne montiert sich sein bzw. ihr eigenes Bild von Küba.

Nicht nur die Bewohner Kübas, sondern auch das Publikum, das sie wahrnimmt, entspricht keineswegs dem Bild von Nancys Urszene – einer Gruppe, die sich unter freiem Himmel um einen einzelnen Geschichtenerzähler schart. »Küba« stellt kein klassisches Theater-, Kino- oder Opernpublikum her, das gemeinsam einer frontal vorgetragenen Erzählung beiwohnt. Es stellt stattdessen ein klassisches Fernsehpublikum aus. Und damit stellt sich die Frage, ob auch das eine Art Gemeinschaft darstellt. Es spricht einiges für diese These: Auch diese – erst auf den zweiten Blick sichtbare – Gemeinschaft erfüllt Nancys

Kriterien einer entwerkten Gemeinschaft; sie ist eine uneingestandene Gemeinschaft, in der offensichtlich der alte, zentrale Mythos unterbrochen worden ist, um von einer Vielzahl konkurrierender Geschichten ersetzt zu werden.

Aber was hält diese Gemeinschaft dann zusammen? Paradoxerweise genau das, was sie trennt. Die Isolation der Individuen und Kleingruppen vor einzelnen Fernsehern ist das, was sie miteinander gemeinsam haben. Sie sind gewissermaßen durch die Form ihrer Trennung miteinander verbunden – wie das in vielen Öffentlichkeiten der Fall ist, die vor allem virtuell oder medial zusammenkommen. Insofern evoziert »Küba« auch ein Bild jener uneingestandenen Gemeinschaften von Fernsehzuschauern, die voneinander gar nichts wissen, aber dennoch Tag für Tag durch die Praxis gemeinsamen Zusehens verbunden werden. Diese Art der Gemeinschaft ist gleichzeitig vereinzelnd und verbindend. Sie verengt gleichzeitig das Blickfeld und erweitert es ums Vielfache. Sie öffnet ein Fenster zur Welt, aber verwehrt trotzdem den Zutritt zu ihr. Sie reicht über politische Grenzen hinweg und bildet trotzdem neue Gemeinschaften, die über Geschmack, geteiltes Genießen oder auch geteiltes Ressentiment verschweißt sind. Sie artikuliert die Affekte und Bedürfnisse und kann sie sogar synchronisieren. In ihr zirkuliert gleichzeitig eine unendliche Anzahl von Mythen, die aber durch einen einfachen Tastendruck der Fernbedienung jederzeit unterbrochen werden können.

Es wäre grundfalsch, diese Gemeinschaft der Zuschauer mit kulturkonservativen Argumenten zu verdammen, und darüber zu lamentieren, dass in ihnen irgendein organisches Ursprüngliches entfremdet worden sei. Denn ein solches hat – außer im Mythos – niemals existiert. Täuschen wir uns nicht: Diese Gemeinschaften können mit jedem beliebigen Inhalt gefüllt werden. Von ihrem möglichen Missbrauch zu sprechen ist schon deswegen widersinnig, weil sie gar keinen festgelegten Gebrauch kennen. Sie können wie Stämme funktionieren, wie Aktiengesellschaften, Kaffeekränzchen oder Zivilgesellschaften.

Ihre Bedeutung nimmt durch neue Arten der Kommunikation stetig zu. Ihr avancierter Stand der Technik hat allerdings nichts zu bedeuten, wenn es um ihre Fortschrittlichkeit geht. In »Itsembat semba, Rwanda, one genocide later« von Eyal Sivan[105] wird dokumentiert, wie der Radio- und Fernsehsender Mille Collines zwischen April und Juni 1994 durch die Ausstrahlung von Hetzpropaganda maßgeblich zum Massaker an etwa 700.000 Tutsi in Ruanda beitrug. Der Sender hatte – wie etliche andere in den 90er Jahren – nicht nur zur Herausbildung ethnischer Gruppen, sondern auch zu ihrer massiven Radikalisierung und Mobilisierung beigetragen.

Erstaunlicherweise kommt Jürgen Habermas im selben Zeitraum zu ganz anderen Schlüssen, wenn es um die politische Funktion von Medien geht. Während Habermas in der ersten Auflage seines grundlegenden Werkes über den *Strukturwandel der Öffentlichkeit* 1962 noch meinte, dass die Kommerzialisierung der Öffentlichkeit ihren Charakter als Raum rationaler politischer Partizipation weitgehend ruiniert habe, revidiert er dieses pessimistische Statement 1990[106] angesichts der Umbrüche in Osteuropa, deren Ausbreitung auf ihre Übertragung im Fernsehen zurückgeführt wird. Auch die Verbreitung der Demokratie, so Habermas, könne durch Massenmedien befördert werden. Dass diese Einschätzung spätestens durch die Rolle verschiedener Fernsehsender in den jugoslawischen Kriegen widerlegt wurde, bestätigt nur, dass mediale Gemeinschaften leere Hülsen sind, die je nachdem durch Affekte oder Argumente konstituiert werden und dementsprechend in der Praxis so oder so agieren. In »Küba« sehen wir den Prozess dieser Konstituierung in Rohform.

»Küba« entwirft ein doppeltes Bild. Und dieses handelt nicht nur von einem Istanbuler Vorort, sondern auch von der Art, wie er sich in London vermittelt. Die Installation erzählt uns nicht nur von den Bewohnern Kübas, sondern auch von jenen Gemeinschaften, die bei ihrer Betrachtung entstehen und, um Nancys Wortschöpfung zu erweitern, weniger von einem

Zusammen-Scheinen als von einem Zusammen-Schauen oder gar Zusammen-Fühlen geprägt sind. Diese Verschränkungen sind gleichzeitig instabil und instinktiv, vereinzelnd und vorindividuell. Die Fernsehgemeinschaften, die durch »Küba« entstehen, sind nicht nach dem Vorbild einer Theaterszene oder eines zentralperspektivischen Kinos inszeniert, sondern dezentral. »Küba« zeigt uns den Zusammenhang zwischen hier und dort, zwischen Mythos und Medien, zwischen Vormoderne und Nachmoderne, zwischen einer Gemeinschaft, die sich schon auf dem Weg in die Sippe befindet, und den Gemeinschaften, in denen die archaischsten Affekte wie Angst, Panik oder Euphorie vermittels neuester Medien synchronisiert werden, zwischen Gemeinschaften, die noch nie in einer Fabrik gearbeitet haben, und jenen, die nie mehr dort arbeiten werden. Wenn wir Küba als zerfallend, archaisch und tendenziell regressiv wahrnehmen wollen, so tun wir dies also innerhalb einer medialen Form, die uns durch Vereinzelung verbindet.

PRIVAT UND ÖFFENTLICH

Aber jene Verbindung durch Trennung kann auch als das Prinzip eines generellen Umbruchs von Öffentlichkeit bezeichnet werden, dessen Wirkungsbereich weit über Küba hinaus reicht. Dass die Öffentlichkeit immer mehr mit der Privatsphäre verschwimmt, ist kein besonders neues Phänomen, sondern hängt damit zusammen, dass die Unterscheidung zwischen öffentlich und privat mit der generellen Umstrukturierung der Arbeitsverhältnisse brüchig geworden ist. Diese Entwicklung geht auch mit der Privatisierung von Öffentlichkeit in ökonomischer Hinsicht einher, das heißt mit der Privatisierung von Medien, Fernsehsendern und dem öffentlichen Raum als solchem. Je privater die Öffentlichkeit wird, desto mehr verändern sich auch die Gruppen und Gemeinschaften, die durch sie artikuliert werden. Diese Öffentlichkeiten sind eher industriell organisiert als nach dem klassischen Vorbild der Theaterbühne oder der Agora. Sie artikulieren sich über Satellitensender, Kurznachrichten, Erlebnisparks, Werbescreens oder treten als so genannte Flash Mobs in Erscheinung. Anstatt dass in ihnen mündige Bürger über ihre Angelegenheiten debattieren, wie es der Mythos der liberalen bürgerlichen Öffentlichkeit laut Habermas vorsieht, synchronisieren sie die Affekte ihres Publikums. Kein verborgenes Subjekt lenkt sie aus dem Hintergrund, sie können mit einem Wort von Félix Guattari als asignifikante Maschinen bezeichnet werden, in denen die Kräfte kapitalistischer Verwertung (und teils auch patriotischer Wallungen) sich frei mit denen aller möglichen anderen Affekte verketten. Statt über Reflexion wirken sie über die Intensivierung von Wünschen, Ressentiments, Geschmäckern und Empfindungen. Sie sind warenförmig, flach, dezentral und verweisen die romantischen Vorstellungen einer Öffentlichkeit als Forum der Allgemeinheit in den Bereich des Mythos.

»Küba« demonstriert uns diese medialen Formen der Öffentlichkeit plastisch. Die kleinen Monitor-Arrangements von »Küba«, in denen vor den einzelnen Fernsehern jeweils bequeme Secondhand-Polstersessel platziert sind, wirken wie Konzentrate der Privatsphäre. Es scheint, als seien die Kerne etlicher Wohnzimmer, also die Hauptachse zwischen Fernseher und Couch, gewaltsam aus der Privatsphäre gerissen und mitten in den öffentlichen Raum transplantiert worden. Aber auch der Ort selbst, eine ehemalige Postsortierstelle, hat uns über das Phänomen der Privatisierung etwas zu berichten. Denn dieser Ort industrieller Arbeit in einem modernistischen Gebäude im Herzen der Stadt steht jetzt leer. Statt ArbeiterInnen, die nicht in Gemeinschaften, sondern in Gewerkschaften organisiert waren, sitzen jetzt Fernsehzuschauer in den leeren Hallen. Auch die britische Post wurde privatisiert, woraufhin ihre Leistung, wie die aller privatisierten Infrastrukturbetriebe, stark nachließ. Eine der Konsequenzen dieser Privatisierung ist auch die Existenz dieses postindustriellen Raums mitten in der Stadt, in der

der Geist der Arbeit noch spürbar ist – aber eben nur noch als Gespenst.

Auch auf der Ebene der Zuschauer und des Raums, in dem die Installation aufgebaut ist, lässt sich also der Epochenbruch verfolgen, den »Küba« beschreibt. Und wie in Küba steht auch für uns zu befürchten, dass diese neuen Formen von Gemeinschaft, wie Nancy es formuliert, weitgehend entwerkt sind, aber vor allem in Gestalt der Arbeitslosigkeit, oder zumindest in Gestalt der Desorganisierung und Fragmentierung von Arbeit. Die Arbeit des Postsortierens ist heute wahrscheinlich automatisiert und neue Formen von Arbeit finden vor Bildschirmen daheim statt, während die sogenannte Freizeit vor Bildschirmen in ehemaligen Fabriken verbracht wird. Auch im Fall der neuen virtuellen Fertigungsketten, in denen die Unterscheidung zwischen privat und öffentlich kollabiert, funktioniert das Prinzip der Verbindung durch Trennung – ein Kennzeichen jener neuen, ebenso gefährdeten wie tendenziell gefährlichen Gemeinschaften.

STATISCHE ZEIT UND AUSGESETZTER RAUM

An dieser Stelle aber ist eine gravierende Einschränkung vorzunehmen: Denn alle bis jetzt getroffenen Aussagen sind ungewiss und unzuverlässig. Sie beruhen weitgehend auf vagen Spekulationen, die ebenfalls in der Form der Installation selbst angelegt sind. Weder ich noch die meisten anderen Zuschauer haben nämlich alle 40 Berichte zur Gänze gesehen, da das gesamte Material schlicht und einfach zu lang ist. Angeblich dauert »Küba« 28 Stunden. Jeder Zuschauer wird also vermutlich seinen oder ihren eigenen Weg durch das Gewirr der Monitore suchen und sich so dem schieren Exzess an Zeit entziehen, der in dieser Installation gespeichert ist und sie tendenziell unauslotbar macht. Und somit vermittelt sich je nach der eigenen Montage, die die Zuschauer innerhalb dieser Installation unternehmen, ein singuläres und unabgeschlossenes Bild von dieser

Gemeinschaft. Die Totalität der Erzählungen inklusive ihrer möglichen Querverbindungen ist ebenso unzugänglich wie ihr Ursprung. Der Überblick und somit auch das abschließende Urteil sind stark erschwert, wenn nicht unmöglich. »Küba« ist in seiner zeitlichen Architektur ebenso labyrinthisch, unabgeschlossen, aleatorisch wie das Leben in einem Stadtteil, in dem die Menschen offensichtlich vom leisesten Windstoß des Schicksals auseinander geweht werden können. Auf dem Weg, den ich durch die Ausstellung gewählt habe, schien Küba zu verfallen, während autistische Gruppen postindustrieller Londoner schweigend vor den Bildschirmen hockten. Aber »Küba« enthält Milliarden von Möglichkeiten der Montage und entzieht sich somit einer traditionellen Beschreibung.

OHNE ÜBERBLICK

Die strukturelle Überforderung der Betrachter ist jedoch nicht nur eine Eigenschaft dieser spezifischen Installation. Sie spiegelt eine Tendenz wider, die bisher nur unzureichend durchdacht worden ist: den Hang etlicher Ausstellungen, Besuchern so viel Material anzubieten, dass sie unmöglich alles sehen können. Das Übermaß an Zeit, das vor allem in filmreichen Ausstellungen gespeichert ist, führt oft zur Überforderung eines Publikums, das dieses Angebot nicht bewältigen kann. In den Trotzreaktionen, die vor allem seitens der Kunstkritik artikuliert werden, kommt eine Einstellung zum Vorschein, die zwar verständlich ist, aber an den gegenwärtigen Entwicklungen der Öffentlichkeit vorbeigeht – das Bedürfnis, einen Überblick zu erlangen, sich »ein Bild« zu machen, eine Meinung zu bilden etc. Dahinter steht das gänzlich rationale Bedürfnis, über das Gesehene in Austausch zu treten, und vor allem: sich ein Urteil zu bilden, um so als Subjekt dem Ganzen gegenüber eine Position einzunehmen; kurz, eine klassisch bildungsbürgerliche Haltung, die von einem klassischen Begriff einer demokratischen Öffentlichkeit ausgeht. Ausstellungen oder Installationen, die sich eher als Archiv begreifen, verweigern diese Form der Objektivierung; sie akzeptieren, dass eine transparente und rationale Öffentlichkeit nur als Mythos existiert. Sie lassen sich einfach nicht beurteilen, es sei denn, der Betrachter unternimmt einen wahrlich masochistischen Akt der Bändigung des Materials. Denn in dieser verschwenderischen Organisation des Materials lässt sich kein zentralperspektivischer Aussichtspunkt finden, von dem aus ein Überblick gelingen könnte.

Diese Anordnung besagt zweierlei: Einerseits kann sie auf eine schlampige und beliebige Präsentation des Materials hinweisen sowie auf die Unfähigkeit, dessen Bedeutungen durch Begrenzung hervorzuheben. Andererseits können wir diese Form der Präsentation auch so lesen, dass sie sich nicht mehr in die Rolle des ebenso mythologischen wie autoritären Geschichtenerzählers drängen lässt, der Nancy zufolge die Gemeinschaft begründet. Sie ermöglicht, ja erzwingt sogar multiple und parallele Lesarten, unerwartete Verbindungen; sie begünstigt die Haltung des Testens, Zappens, Flanierens. Sie beschränkt die Bedeutungen nicht, sondern erweitert sie. Dies jedoch auf Kosten jener einheitlichen, vom Privaten abgrenzbaren Öffentlichkeit, die nach Habermas das Forum der bürgerlichen Klasse darstellte und in der ein vergleichbarer Informationsstandard der Teilnehmer angestrebt wurde. Es entsteht keine Gemeinschaft mehr durch diese Form der Erzählung. Anstelle der Bourgeoisie adressiert jene neue Form der Ausstellung jedoch möglicherweise eine zerstreute Multitude, die nicht auf Einheit angewiesen ist, um zu kommunizieren, Menschen, die die unvorhersehbaren und kaum kartografierbaren Wege des Netzes gewöhnt sind und deren Wahrnehmung eher von Windows beeinflusst ist als von Fenstern. Aber diese zerstreute Menge ist gleichzeitig auch jene, die Gerüchten aufsitzt, an Verschwörung glaubt, die Fahne nach dem Wind hängt und sich nur zu widerstandslos dem Rhythmus des flackernden Widerscheins der Medienoberfläche hingibt. Sie lebt nicht mehr in einer gleichförmigen Zeit, innerhalb deren sich alle über dasselbe austauschen können, sondern in vielen parallelen Zeiten. Die neuen Formen der Ausstellung verstören und erzürnen zwar viele ihrer Besucher. Sie artikulieren jedoch nur konsequent die Bedingungen der Öffentlichkeit in der Gegenwart. Sie schaffen keine homogene, frontal belehrbare Gemeinschaft des Publikums, in der sie selbst, wie in Nancys Parabel, die Rolle des Märchenerzählers einnehmen würden. Sondern sie zwingen zur Montage immer neuer Bilder von sich selbst. Der Epochenbruch, der in »Küba« auf der Ebene des Inhalts spürbar wird, spiegelt sich auch in den Ungleichzeitigkeiten, denen sich das Publikum durch die Form der Installation ausgesetzt sieht, die den Besuchern je partielle fragmentarische Ansichten ermöglicht.

So wie die Installation die Zeit speichert, zerstreut sie andererseits auch den Raum. Diese Verstreuung entspricht auch der realen Entortung Kübas. Denn nicht nur die porträtierten Bewohner sind in ihrer Mehrzahl migriert, als sie wie Hunderttausende andere aus dem Bürgerkriegsgebiet Kurdistan in die Großstadt wanderten, sondern auch die Installation selbst spiegelt eine mehrfache Entortung wider: ein Küba, das auf ein Kuba Bezug nimmt, aber in London, Wien und anderen europäischen Großstädten installiert ist. Die Geschichten der Kübaner werden ins Herz der Großstadt London verpflanzt, in einen leeren Raum, aus dem die Arbeit sich zurückgezogen hat. »Küba« zieht wie ein Schweif eine Unzahl möglicher paralleler Universen hinter sich her, möglicher Versionen der Geschichte, die nicht kontrollierbar sind, zersplitterte Zeiten, verstreute Räume, verirrte Schicksale. Und in jeder Neuorganisation der Installation verändert sich auch ihre Bedeutung. So etwa in einer Inszenierung, die von Wien aus organisiert wurde und in der die Monitore von »Küba« auf ein Schiff verfrachtet wurden, um von Wien aus die Donau hinab zu fahren. Im Kontext der rigiden, um nicht zu sagen: verstockten Haltung Österreichs gegenüber seinen Einwanderern drängt sich der Eindruck auf, als handle es sich bei dieser Version von »Küba« um eine unbewusste Abschiebung – oder wie es so schön im Behördendeutsch heißt: eine Rückführung.

DIE MAUER

Auf diese Entwicklungen spielt auch eine weitere Installation an, die eine abermals andere Form von Gemeinschaft inszeniert. Wiederum klingen hier Dutzende von Stimmen zusammen, und wiederum hören wir alle Geschichten auf einmal. Aber diesmal sind die Beteiligten nicht verstreut, sondern in einem einzigen Bild versammelt. In Danica Dakićs Videoinstallation »The Wall« (»Zid«, 1998) sind 37 Münder zu sehen, die schachbrettartig in einem Kader arrangiert sind und gleichzeitig sprechen – und das auch noch in verschiedenen Sprachen. Nach einer Weile wird klar, dass jeder dieser Münder, jede dieser Stimmen über sich selbst Auskunft gibt – Name, Herkunft, kurz: die sogenannte Identität. Da dies aber gleichzeitig passiert, bleibt von den einzelnen Identitäten wiederum nur eine Art Soundeffekt übrig. Ein Zappen zwischen den verschiedenen Erzählungen ist nun nicht mehr möglich, stattdessen sind die Zuseher gezwungen, sich mit dem Gesamteindruck dieser heterogenen Menge zu konfrontieren. Und nach einiger Zeit entsteht tatsächlich der Anschein, als verwandelten sich all diese simultan sprechenden Münder in eine obszöne, undurchdringliche Wand aus Fleisch. Dadurch dass jedes Partikel seine eigene Identität gegen alle anderen behauptet, ergänzen sie sich paradoxerweise bestens: Gemeinsam schließen sie eine wie auch immer geartete Identifikation mit einer einzelnen Stimme ebenso aus wie den Zugang zur Gruppe als ganzer. Durch das Beharren auf der eigenen Identität entsteht eine Art multipler Abgrenzung, die alle Identitäten brav auf ihren Ausschnitt des Kaders beschränkt, keine Zwischenräume duldet und alles, was nicht in diese Kategorien passt, radikal ausschließt. Es entwickelt sich ein Szenario, das nur zu gut zu zeitgenössischen Vorstellungen des Multikulturalismus zu passen scheint, mit ihrer Bezugnahme auf abgezirkelte, in sich homogene Kulturen, die nebeneinanderher existieren, vehement auf ihren Eigenheiten beharren und alle gleichzeitig sprechen, ohne dass irgendwer zuhört. »Zid« vermittelt das unheimliche Gefühl, das einen angesichts von so viel Identität befällt – Identitäten, die sich zu gegenseitiger Abschottung hochschaukeln. Die Installation führt vor, wie der Fall des Turmes von Babel gewirkt haben muss, als die Menschen plötzlich begannen, verschiedene Sprachen zu sprechen; und sie verdeutlicht auch, dass dieser Vorfall sofort neue Wände und Mauern zwischen ihnen errichtet hat. »Zid« verfährt dabei nach dem umgekehrten Prinzip von »Küba«. Während Atamans Arbeit eine relativ homogene Gemeinschaft als in sich differente und unauslotbare präsentiert, zeigt »Zid« eine Gemeinschaft der Verschiedenen, die gerade durch die Behauptung ihrer jeweiligen Eigenheiten zu einer Phalanx verschweißt wird. Sie verdeutlicht somit einen anderen Strukturwandel der Öffentlichkeit – ihren Zerfall in autistische Fragmente.

DIE ANDEREN

Artur Zmijewskis Video »Them« (2007) präsentiert uns einen brutaleren Aspekt dieses Zerfalls. Sein drastisches Band zeigt eine Kreuzung aus Krawall-TV, transgressiver Performance, Action Painting und sozialer Plastik. Mehrere Vertreter gesellschaftlicher Gruppen – Linke, Katholiken, Nationalisten und eine Gruppe junger Juden – treffen in einer Fabriketage zu einer Art interaktiver Kunsttherapie zusammen. Zunächst wird jede Gruppe gebeten, ihre Symbole auf ein großes Stück Papier zu malen. Es entstehen Bilder von Kirchen, politischen oder nationalen Symbolen. Im zweiten Durchgang kann jede Gruppe die Bildern der anderen verändern. Was anfangs noch höflich und halbwegs konstruktiv verläuft, steigert sich im weiteren Verlauf zu Übermalungen, Ausschneidungen und schließlich Feuerattacken sowie der physischen Zerstörung der Symbole. Am Schluss bleibt nur noch ein rauchender Bildrahmen übrig. Atemlos verfolgen die Zuschauer den rapiden Verfall einer zivilisierten Sphäre rationaler kommunikativer Öffentlichkeit in eine Art Bürgerkrieg der Repräsentation. Wenn relationale Ästhetik jemals als Albtraum verwirklicht wurde, dann in diesem Video.

»Them« räumt rabiat mit gleich mehreren Mythen über Kunst oder Politik auf. Es zeigt die dystopische Version einer sozialarbeiterischen Interpretation von Kunst, die die Gesellschaft demokratisch reformieren will. Die Therapie politischer Gegensätze durch die Kunst schlägt jedoch nicht nur fehl, sie macht alles nur noch schlimmer. Aus Gegnern werden Feinde, Diskurs wird zu Zerstörung, »wir« und »die« werden durch aktive Gewaltanwendung getrennt. Quasi nebenbei wirft die Arbeit ein Schlaglicht auf Chantal Mouffes Theorie des agonistischen Pluralismus, der zufolge kollektiven Leidenschaften und Identifikationen ein Ventil geboten werden muss, damit Konflikte zwar ausgetragen werden können, aber nicht zerstörerisch sind.[107] »Them« beweist allerdings wie ein Laborversuch, dass die bloße Anrufung kollektiver Leidenschaften oder Identitäten (die Teilnehmer agieren als Repräsentanten dieser Identitäten) eine Spirale der Zerstörung in Gang setzt und Konflikte provoziert, die heillos eskalieren. Die Utopie einer leidenschaftlichen Auseinandersetzung der Verschiedenen erweist sich angesichts der realen Unüberbrückbarkeit der sozialen und politischen Differenzen als fromme Wunschvorstellung. Die materielle und ideologische Kluft ist zu groß, die Widersprüche sind nicht zu kitten. Zmijewskis Kunst besteht darin, genau das nicht zu vertuschen, sondern deutlich vor Augen zu führen. Vielleicht zeigt dieses Video am deutlichsten, dass Gemeinheit aus keiner Vorstellung von Gemeinschaft wegzudenken ist – und dass weder Kunst noch Dokumentarismus als Kitt von Gesellschaften funktionieren können, wenn Ökonomie, Politik und Religion deren Fragmentierung forcieren.

Die Geste des Bauens

Dokumentarismus als Übersetzung

> »Eine Epoche, die ihre Gesten verloren hat, ist eben darum zwanghaft von ihnen besessen [...].«
>
> Giorgio Agamben[108]

Der Nullpunkt der Politik ist die Geste. So Giorgio Agamben in seinem kurzen Essay über Gesten. Die Geste ist reines Medium der Verständigung, ein Mittel ohne Zweck. Wenn politische Auseinandersetzung scheitert, erinnert uns die Geste daran, dass sie eines Tages wieder möglich werden kann. Zwei kurze Videoarbeiten vertiefen und problematisieren das Thema der Geste.

Die Arbeit »Summer Camp« (2007) von Yael Bartana zeigt, wie israelische, palästinensische und amerikanische Friedensaktivisten gemeinsam ein Haus von Palästinensern wiederaufbauen, das durch die israelische Armee zerstört wurde. Das Video hat keinen Dialog. Die Menschen sprechen nicht miteinander, sie bauen gemeinsam. Sie reichen sich Steine zu, die Bilder evozieren Kollektivität, Aufbau, Fortschritt, heroisches Arbeitertum. Damit greift das Video auf die teils sozialistisch inspirierte Ästhetik des frühen Zionismus zurück. Es verwendet dramatische Musik von Paul Dessau aus dem Film »Awodah« (»Segen der Arbeit«) von Helmar Lerski aus dem Jahr 1935. Der Film zeigt die Aufbauarbeit in Palästina, insbesondere die Erneuerung der Wasserversorgung. Traditionelle Wasserversorgungsmethoden werden modernen Technologien gegenübergestellt. Extreme Nahaufnahmen zeigen den Schweiß der Arbeiter im reflektierenden Sonnenlicht.

»Summer Camp« verwendet untersichtige Einstellungen, die die Arbeiter ähnlich heldenhaft darstellen. Die Arbeit bezieht sich auf die historische Ästhetik, ohne sie jemals vollständig zu aktualisieren. Denn die fortschrittstrunkene und optimistische Pose der Staatsgründer, die »Summer Camp« zitiert, wird in einem politisch ganz anders kodierten Projekt fortgesetzt. Das gegenwärtige Aufbauprojekt widmet sich den Ruinen, die die israelische Armee hinterlassen hat. Am Schluss des Videos bleibt unklar, ob das ohne Baugenehmigung illegal wiedererrichtete Haus gleich wieder abgerissen werden wird. »Summer Camp« versammelt eine Reihe von Gesten, die bewusst oder unbewusst über die politischen Fronten hinweggereicht werden, als handle es sich um taube Ziegel. Nach ihrer Übersetzung in einen anderen Kontext wird die Bedeutung der Gesten des kollektiven Aufbaus ambivalent. Sie implizieren einerseits, dass das Projekt der Friedensaktivisten auf ähnlichen Werten beruht wie die Besatzungspolitik, gegen die es sich wendet, und daher möglicherweise in ähnliche Widersprüche geraten kann. Sie können aber auch etwas ganz anderes bedeuten: dass nämlich die Utopie eines gemeinschaftlichen Projekts der Verschiedenen dort, wo sie sich nicht politisch artikulieren kann, als eine Art stummer Zeichensprache fortlebt. Als würde der Babelturm nach der Verwirrung der Sprachen einfach wortlos weitergebaut – einem Gott zum Trotz, der seine Verehrung in einander feindlichen Idiomen durchsetzen will.

Die optimistische Geste des Aufbaus überdauert auch die Zerstörung der konkreten Bauten: Wo Verständigung politisch unmöglich scheint, fließen immer noch Bewegungen über die Fronten hinweg. Wie Agamben schreibt, drücken Gesten jenseits jedes Inhalts nur die reine und unbestimmte Möglichkeit von Mitteilung aus. Wo die Verständigung scheitert, bleibt ihr Medium in unbestimmter Form erhalten.

DOKUMENTARISCHE ÜBERSETZUNG

Vielleicht können wir auch die Verständigung durch dokumentarische Formen auf diese Weise begreifen. Obwohl sie immer wieder mit politischen Inhalten aufgeladen werden, die Gruppen gegeneinander aufwiegeln und Verständigung untergraben, lebt gerade zwischen ihnen das Versprechen einer Bildersprache fort, die überall auf der Welt verstanden werden kann. Dieses Versprechen wird zwar von der Realität dokumentarischer Idiome tagtäglich verraten.[109] Aber die Bilder werden über die Fronten weitergereicht wie die Ziegel in Bartanas Film. Sie verändern zwar je nach Kontext ihre Bedeutung. Die Verständigung liegt jedoch nicht in den Bildern selbst, sondern darin, dass sie überhaupt weitergereicht werden.

Wie Walter Benjamin in seinem Text über die Übersetzung[110] andeutete, hallt die eine gemeinsame Sprache, die nach dem Fall von Babel verloren ging, in Form der Übersetzungen zwischen verschiedenen Sprachen nach. Die dokumentarischen Bildsprachen der Gegenwart stellen keine universale Sprache dar, sondern ihre unvollkommenen Übersetzungen. Die allgemeine Dimension dokumentarischer Formen liegt nicht in, sondern zwischen ihnen.

AUSBRUCH AUS DEM STANDBILD

Die Arbeit »Builders of Bratsk« der Gruppe Chto Delat zeigt eine andere Verkettung von Gesten, eine andere Aktualisierung der Widersprüche eines historischen Kollektivs. Das Video stellt die Rekonstruktion des gleichnamigen berühmten Gemäldes von Viktor Popkov aus dem Jahr 1961 dar. Dieses Bild zeigt Bauarbeiter während ihrer Pause. Sie konfrontieren den Betrachter in verschiedenen frontalen Posen und blicken auf ihn herab. Das Original-Gemälde ist sozialrealistisch inspiriert. Das ihm nachempfundene Video von 2005 versammelt die Mitglieder der Künstlergruppe in Positionen, die jenen der Arbeiter auf dem Bild lose ähneln, aber laufend verändert werden. Die Geste, die im soz-realistischen Tafelbild erstarrt war, wird wieder veränderlich, sie verlässt das von Agamben beschriebene Stadium ihrer Erstarrung zum Schicksal[111] und versucht, sich selbst zu dynamisieren. Die »mythische Starre«[112] des Bildes wird durchbrochen, seine »lähmende Macht«[113] durch die Profanität des Amateurvideos entzaubert.

Die Mitglieder der Künstlergruppe fragen sich vor laufender Kamera, was sie mit den Sowjet-Arbeitern und ihren Gesten verbindet. Die historische Distanz fördert Brüche und Affinitäten zutage. Wie formulieren postsowjetische Gruppen heute Kollektivität? Welche Gesten sind brauchbar, welche müssen abgelegt werden? Wie in »Summer Camp« springt die Geste über die Zeiten und sogar die Realitäten hinweg. Vielleicht ist »Builders of Bratsk« das verfremdende Zitat einer Gegenwart, deren Bild von der Zukunft schon der Vergangenheit angehört. Vielleicht weist diese Aktualisierung der Vergangenheit aber auch einen Ausweg aus einer Gegenwart, die keine Zukunft mehr kennen will. Die ursprüngliche Starre der Pose verwandelt sich in eine viel bescheidenere, aber dynamische Geste, die eine Antwort (den sozialistischen Realismus) wieder in eine offene Frage zurückübersetzt.

Kunst oder Leben?

Dokumentarische Jargons der Eigentlichkeit

»Daher darf kein Kunstwerk gänzlich ungebannt lebendig scheinen, ohne bloßer Schein zu werden und aufzuhören, Kunstwerk zu sein. Das in ihm wogende Leben muss erstarrt und wie in einem Augenblick gebannt scheinen.«

Walter Benjamin[114]

»Es lebe das Leben, wie es ist!«[115] – Dziga Vertovs triumphaler Ausruf aus den 1920er Jahren ist eine der berühmtesten Losungen des dokumentarischen Films. Das Leben so aufzuzeichnen, wie es ist, ohne Zusatz oder Verfälschung, ist ein alter Traum vieler Dokumentaristen. Vertov zufolge soll das Leben nicht nur lebendig sein, es soll echt sein, wirklich, es soll eben sein, »wie es ist«. Der kleine Zusatz »wie es ist« entfaltet jedoch unvorhergesehene Bedeutungen. Auf der einen Seite versichert er die Identität des Lebens mit sich selbst. Aber genau dadurch wirft er andererseits den Verdacht auf, dass das Leben auch ganz anders sein könnte – unecht, scheinhaft, verfälscht. Plötzlich klafft ein Riss zwischen dem falschen und dem echten Leben. Dieses plötzliche Aufkeimen des Verdachts hat Alain Badiou auch als zentrale Eigenschaft jener »Passion für das Reale«[116] identifiziert, die das 20. Jahrhundert geprägt hat: »Das Reale ist nie real genug, um nicht doch als Schein verdächtig werden zu können.«[117] Die Passion des Realen ruft das Verlangen nach Säuberung, nach Entlarvung der Täuschung hervor. Das Echte muss um jeden Preis vom Falschen gereinigt werden. Sogar das Leben selbst könnte reiner Schein sein. In Vertovs Jubelschrei erweist sich der kleine, harmlos wirkende Zusatz »wie es ist« als ein hochdynamisches Supplement, das die Kernaussage des

Satzes erschüttert und sie auf den zweiten Blick sogar in ihr Gegenteil verkehrt.

Denn bei genauerer Überlegung ist es natürlich völlig unmöglich, das Leben, wie es ist, dokumentarisch festzuhalten. Das Leben kann nicht so, »wie es ist«, ins Bild eingehen. In dem Moment, in dem es Bild wird, hat es sich entäußert und ist zu seinem Anderen geworden. Es ist sein eigener Doppelgänger, gleichzeitig echt und unheimlich, Original und Kopie, real und surreal. Das dokumentarische Leben, wie es ist, kann alles sein, nur nicht es selbst.

Aber Vertovs Text behauptet das absolute Gegenteil: Das *eigentliche* Leben wird im dokumentarischen Bild überhaupt erst erschaffen. Er schwärmt vom Kameraauge, das Tausende von Menschen nach verschiedenen vorher entworfenen Plänen und Schemata erzeugt.[118] Es kombiniert die »stärksten und geschicktesten Hände, von einem anderen die schlankesten und schnellsten Beine, von einem dritten den schönsten und ausdrucksvollsten Kopf und schafft durch die Montage einen neuen, vollkommenen Menschen«[119]. Vertovs Kameraauge montiert mehr als gewöhnliches Leben: Es erzeugt eine Art Über-Leben, das *echte* Leben, das Leben, »wie es ist«. Aber: Dieses Leben kann in der Realität gar nicht existieren. Denn erst mit der Aufzeichnung stellt sich überhaupt die Frage der Echtheit. Erst wenn Kopien im Spiel sind und die Gefahr der Fälschung droht, macht die Frage der Echtheit einen Sinn. Das »echte« Leben ist eine Kopie ohne Original. Das Leben an sich ist bestenfalls real. Es existiert oder auch nicht. Erst als Klon seiner selbst kann es zum »echten« werden. Nur die dokumentarische Form erhebt den Anspruch, das Leben als echt zu beglaubigen, und fühlt sich darin der Fiktion überlegen. Aber dieses »echte« Leben entsteht nirgendwo anders als in seiner dokumentarischen Abbildung.

So vollendet das Supplement in Vertovs Losung seine umstürzlerische Wirkung. Denn nur das Leben, das nicht es selbst ist, weil es im Bild gefangen und beglaubigt wird, kann sein, »wie es ist«. Das echte Leben ist immer schon ein Gespenst. Und so können wir auch verstehen, wieso simultan zur euphorischen Rhetorik des wirklichen Lebens auch eine ganze Armee von Gespenstern, Zombies und Mumien durch den dokumentarischen Diskurs spukt.

GESPENSTER, PLASTRONS UND MUMIEN

Für Siegfried Kracauer ist die Fotografie ein »Gespenst«[120]. Sie gewährt in »begrenztem Umfange dem Leben des Originals Einlass«[121], vernichtet dieses gleichzeitig aber auch.[122] Der Film hingegen sei im Gegensatz zur Fotografie imstande, durch seinen Realitätseffekt das Leben selbst für seine Verfilmung zu retten.[123] »Leben« und Film unterhalten Kracauer zufolge eine generelle Affinität.[124] Der Filmtheoretiker André Bazin geht bei der Erfindung kühner Metaphern noch einen Schritt weiter. In seinem Aufsatz über die »Ontologie des fotografischen Bildes«[125] definiert er die Mumifizierung als Ursprung der bildenden Künste und somit als Versuch, den Tod symbolisch zu überwinden und das Leben zu konservieren. Während die Fotografie mit einer Totenmaske verglichen werden könne, sei das filmische Bild eine »sich bewegende Mumie«[126] und der Film nicht mehr bloße Abbildung von Leben, sondern gleichbedeutend mit der Erschaffung eines ganzen selbstständigen, idealen und realen Universums.[127] Bazin entwirft somit den Mythos einer kinematographischen Genesis, in der die Macht der Schöpfung der Welt auf den Autor übergeht und in der auch der Tod eine entscheidende Rolle spielt. Denn im Bild wird die Realität der Objekte mumifiziert aufbewahrt, als sei sie eine Reliquie.[128] Auch Roland Barthes bedient sich dieser Metapher, indem er von Fotografien als weltlichen Reliquien spricht.[129] Barthes selbst fühlt sich durch Fotografie einbalsamiert, modelliert, geformt, getötet und sogar zum »plastron« (zum passiven Opfer) gemacht.[130] Die Fotografie dokumentiere nicht bestimmte Posen – sondern bringe sie erst hervor, so Barthes. Sie formt den Körper nicht nur – sondern erschafft ihn bzw. tötet ihn ab.[131] Die Fotografie ist eine perverse Verwirrung des Realen und Lebendigen. Da sie die Realität des Objekts bezeugt, impliziert sie, dass es auch lebt. Aber da sie gleichzeitig das Gewesene aufnimmt, deutet sie gleichzeitig an, dass es schon tot ist.

Auch im Bereich spezifisch dokumentarischer Diskurse spielt das Leben eine wichtige Rolle, so zum Beispiel in der Dokumentarfilmtheorie John Griersons aus den 1930er Jahren. Die dokumentarische Form soll »lebensnah« sein und die »lebendige Szenerie und die lebendige Handlung« aufnehmen; die Stoffe sollen »aus dem Leben« gegriffen sein.[132] Das Direct Cinema der 1970er Jahre entwirft einen detaillierten Katalog von Verfahren, mit denen das Leben, wie es wirklich ist, eingefangen werden soll: durch die Unsichtbarmachung der Kamera, die ausschließliche Verwendung von Originalton ohne Kommentare etc. Das Leben soll hier belauscht, ja man kann sagen: abgehört werden, ohne dass die Position des Blicks offen gelegt wird. Die Definition des dokumentarischen Lebens tendiert schon mal ins Volkhafte. So argumentiert Klaus Wildenhahn in den 70ern, es sei die Aufgabe des Dokumentaristen, eine »Moral« herauszuarbeiten, die als »lebendiges Ideal im Volke« bzw. als »lebendige Kultur« vorhanden sei.[133] Im sozialen Situationismus des Cinéma Verité geht es hingegen weniger darum, das Leben so abzubilden, »wie es ist«, als vielmehr darum, es in dem Maße, wie es »provoziert« wird, einzufangen.[134] Das Leben muss sich erweisen, bewähren oder seine Spontaneität offenbaren. Diese unbändige Euphorie dem »Leben, wie es ist«, gegenüber wird in den 70er Jahren feministischen Kritikerinnen sehr suspekt. So schrieb Eileen McGarry 1975, dass die dokumentarische »Vorführung des Lebens, wie es ist«, die bürgerlich-patriarchale Ideologie perpetuiere, in dem sie Stereotypen als Wirklichkeit bzw. die Wirklichkeit als Stereotyp darstelle.[135] Das »Leben, wie es ist«, kommt in dieser Epoche unter Ideologieverdacht: Was als »Natur« oder »Original« dargeboten werde, sei nichts als dominante Ideologie.[136]

JARGON DER EIGENTLICHKEIT

In den 1980er Jahren kommt es zu einer konservativen Wende in der Verwendung des Kampfbegriffs »Leben«. So beschreibt Martha Rosler, wie der Topos des »wirklichen Lebens« in der Dokumentarfotografie der 80er als ideologische Waffe gegen die engagierte Fotografie der 60er Jahre aufgeboten wird.[137] Das »wirkliche Leben« wird als etwas gleichzeitig Kostbares, Irrationales und tendenziell Seltsames verstanden, das am besten durch voyeuristische, unpolitische und theoriefeindliche Beobachtung abgehört wird. Der Verweis auf das »wirkliche Leben« ist in Wirklichkeit eine Polemik, die gegen »linke Ideologielastigkeit« das vorgeblich »Echte« wieder in den Vordergrund stellt. Das Ergebnis sei, so Rosler, ein genereller Rechtsruck des etablierten fotografischen Diskurses[138], der durch die darwinistische Ellenbogenmentalität der 80er geprägt worden sei[139]. Das bevorzugte Verfahren, um diese »Echtheit« einzufangen, sei, so Rosler, ein »zielloses soziologisches Herumschnüffeln«. Fortentwickelt werden solche Vorstellungen des Lebens, wie es wirklich ist, mit den verschiedenen Reality-Formaten der 90er. Mitte der 1990er Jahre entstehen im Fernsehbereich neue dokumentarische Verfahren des Authentischen, in denen das »Leben« in Laborsituationen getestet und geprüft wird. Im Kinobereich konkurrieren DV-Realismus (Lev Manovich[140]) und Überwachungsästhetik miteinander um die größere Authentizität.[141] Eine Rhetorik der »Echtzeit« vermittelt das Gefühl der Unmittelbarkeit.[142] Gleichzeitig werden im Kunstbereich neben etlichen journalistischen und soziologischen Dokumentarstilen auch Formate populär, in denen Künstler ihre eigenen Aktionen dokumentieren. Laut Boris Groys handelt es sich bei dieser Form des Dokumentarischen um Kunst als »Design des Lebendigen«[143]. Die Dokumentation künstlerischer Prozesse verleihe diesen die Aura des unmittelbaren Kontakts zum Lokalen und Authentischen, »eine Aura des Originellen, des Lebendigen, des Geschichtlichen«[144], die digital reproduzierbar ist. Wiederum gilt: Die dokumentarische Kamera dokumentiert nicht – sie erschafft das »echte« Leben. Sie soll die Verschmelzung von Kunst und Leben nicht nur beweisen – sondern vollzieht sie durch ihren Blick.

DOKUMENTARISMUS UND LEBEN

Die Fusion von Kunst und Leben äußert sich im Bereich dokumentarischer Bilder als immer wieder neu und anders aufgelegter Jargon der Eigentlichkeit. Oder wie Theodor W. Adorno bereits 1964 scharfzüngig formulierte: als Vergafftheit ins Lebendige[145]. Im sozialen Feld entfaltet das gespenstische Potenzial dokumentarischer Formen jedoch extrem zerstörerische Kräfte. Es katalysiert Vorgänge, die mit dem ambivalenten Begriff Biopolitik nur unzureichend erfasst werden können.[146] Das Kameraauge wird als Komplize obskurer Lebensideologien tatsächlich zum unheimlichen Schöpfer, zum Erfinder von Bevölkerungen, von Typen und Idealen. Durch die Produktion von Wissen und Wahrheit wurde die dokumentarische Form von Anfang an in ein potentes Werkzeug polizeilicher Kontrolle und Überwachung sowie der ethnographischen Kategorisierung und Beherrschung von Bevölkerungen verwandelt. Die Grenzen der Bevölkerung wurden im selben Moment definiert wie das Wissen über sie, und dieses Wissen wurde auch dazu verwendet, um die Bevölkerung zu unterwerfen oder sie in »nützliche« und »unnütze« Bestandteile einzuteilen. Koloniale Regimes etwa brachten ihre eigenen »Dokumentalitäten« hervor, die eng mit ethnographischen Blickregimes, der Produktion rassistischen Wissens und militärischen Technologien verbunden waren. Die angeblich authentische Kultur einer Bevölkerung wurde zugleich zur Begründung dafür, wieso sie unterdrückt und erzogen werden sollte. Ella Shohat und Robert Stam haben die Produktion der kolonialen Bildwelt als panoptische Situation beschrieben, die eng mit kolonialer Herrschaft, der wissenschaftlichen und ästhetischen Disziplinierung der Natur und der gleichzeitigen Expansion von Kapitalismus und Imperialismus verbunden ist.[147] Noch drastischere Bildwelten, wie etwa der dokumentarisch aufgemachte nationalsozialistische Propagandafilm »Der ewige Jude« (1940), bereiteten mit »rassen«-kundlicher Rhetorik den Boden für den Massenmord an den europäischen Juden.

Der Anspruch auf dokumentarische »Echtheit«, auf die Abbildung des Lebens, wie es ist, spiegelt sich auf unheimliche Weise in einer politischen Passion des Realen, die ganze Teile der Bevölkerung verdächtigt, nicht »echt« genug zu sein. Nur der Diskurs der »Echtheit« löst den paranoiden Impuls zur Säuberung und Vernichtung aus, da die Echtheit im Gegensatz zur Realität grundsätzlich bedroht ist. In der politischen Dimension der Authentizität erkennen wir, wie stark auch der dokumentarische Diskurs des »Lebens, wie es ist«, mit Fragen der Macht verknüpft ist; mit der Macht darüber, das »echte« Leben zu realisieren – so, wie es sein soll.

AUTHENTIZITÄT

Politische Authentizität ist, wie nicht anders zu erwarten, mit verschiedenen Interessen aufgeladen. Historisch gesehen hat dieser Begriff mehrmals dramatisch seinen Schwerpunkt und seine diskursive Einbettung gewechselt. Etymologisch verweist das lateinische *authenticus* auf das griechische *authentes*, das »Herr«, aber auch »Gewalthaber« bedeutet.[148] Der Schwerpunkt dieser Bedeutung liegt auf einer Aktivität, die etwas »aus eigener Gewalt vollbringt«[149]. Im deutschen Sprachraum bezeichnet »authentisch« ab dem 16. Jahrhundert das Echte, Eigenhändige und Verbürgte, insbesondere in Bezug auf die Echtheit bzw. Autorisiertheit von Schriften. Seit dem 18. Jahrhundert tritt eine andere Bedeutung in den Vordergrund.

Authentizität heißt jetzt, die Realität spiegelgetreu abzubilden, bezeichnet also den »Wahrheitscharakter der Abbildung«[150]. Zu diesem Zeitpunkt wird der Referenzcharakter zwischen Objekt und Repräsentation immer wichtiger. Im 20. Jahrhundert wird der Begriff zunehmend auch auf Personen angewendet. Zu diesem Zeitpunkt kommen die Diskurse von Psychologie, Pädagogik, Philosophie, Ethnologie, Literaturwissenschaft und anderen Disziplinen ins Spiel.[151] Personen werden ab jetzt als authentisch oder nicht authentisch charakterisiert.

Parallel zu dieser Entwicklung entfaltet der Begriff des Authentischen auch in der politischen Theorie der Moderne als Legitimationsquelle politischer Vertragskonstruktionen eine wichtige Bedeutung. Diese werden zunehmend mit dem authentischen Willen/Wesen der Vertragsteilnehmer begründet, und so wird dieser/s Wille/Wesen auch in etlichen politischen Theorien, von Rousseau über Hegel und Marx bis zu Nietzsche theoretisch konstruiert. Als Kriterium für Authentizität gilt die Korrespondenz mit einem geheimnisvollen Wesenskern des Repräsentierten, der ebenso evident ist, wie er zugleich auch unbewusst, verborgen, verschüttet bzw. korrumpiert sein kann: dessen »Echtheit«.

Die politische Funktion der Authentizität zieht sich durch die Geschichte des Abendlands, sie erfindet Gemeinschaften, erschafft Nationen oder dient dazu, andere Gruppen und Nationen abzuwerten. So war die Vorstellung authentischer Nationalkulturen für die Herausbildung des bürgerlichen Nationalstaats ebenso zentral wie für die Selbstvergewisserung postkommunistischer und postkolonialer Gesellschaften.[152] Und daher kommt der Politikwissenschaftler Thomas Noetzel zu einem Schluss, der immer wieder auch in der dokumentarischen Theorie gezogen wurde: »Authentizität ist eine politisch umkämpfte Legitimationsfigur und damit auch politischer Kampfbegriff.«[153] Das »Leben, wie es ist«, ist weit davon entfernt, uns die Wirklichkeit als solche zu zeigen; es zeigt uns stattdessen die

Wirklichkeit eines Willens zur Macht, der sich über dokumentarische Bilder vermittelt.

KUNST ODER LEBEN?

Der Jargon der Eigentlichkeit, schreibt Adorno 1964 in seinem gleichnamigen Traktat[154], unterstützt die abgestandene Parole, der zufolge eine unauthentisch gewordene Kunst zum Leben zurückfinden müsse. Wieso aber muss die Kunst überhaupt ins Leben übergreifen? Hat der alte Traum der Avantgarden, die Kunst lebendig zu machen und das Leben zur Kunst, im Bereich des Dokumentarischen jemals etwas anderes produziert als halbanimierte Fetische oder »Faktische« (*faitiches*), wie Bruno Latour die Kreuzung zwischen Fakt und Fetisch bezeichnet hat[155]? Der Faktisch gehört im gleichen Maße zur Sphäre rationaler Wissenschaft wie zu jener der Totems und der Götzenanbetung. In ihm kreuzen sich Gentechnik und Magie. Wir können »authentische« dokumentarische Bilder als Faktische verstehen, die so tun, als würden sie das Leben detailgetreu klonen – die es aber letztendlich wie Voodoo-Puppen manipulieren.

Erst die Kunst unterbricht deren ungebremsten Elan. Denn das Leben ist Walter Benjamin zufolge nicht Teil der Kunst. Es ist ihre äußere Grenze. Ein Werk, das die Grenze zum Leben überschreitet, hört auf, Kunst zu sein, und wird zu bloßer Ähnlichkeit. Kunst entsteht erst, wenn das Leben im Werk stillgestellt und unterbrochen wird, wenn es in Bann geschlagen und die Magie seiner »Echtheit« gebrochen wird.[156] Diese entschlossene Intervention nennt Benjamin die kritische Gewalt, oder auch: Gewalt der Wahrheit.[157]

Wahrheit statt Echtheit: Kann sich der Dokumentarismus damit abfinden, Kunst zu sein und auf den eifersüchtig gehüteten Besitz des echten Lebens zu verzichten? Kann er die ihm eigene »Passion des Realen« und die damit verbundene Paranoia des Authentischen aufgeben? Die dokumentarische Kunst jedenfalls zieht immer aufs Neue die feine Grenze zwischen sich selbst und dem Leben, eine schmale Linie, an der Ähnlichkeit und Wahrheit auseinander streben. Eine fast unwahrnehmbare Grenze, die uns zeigt, dass das Einzige, was im Dokumentarismus eindeutig wahr ist, eine Unmöglichkeit darstellt: die Unmöglichkeit der Übereinstimmung von Leben und Bild, die Unmöglichkeit also auch jeglicher dokumentarischen Echtheit. Diese Grenze ist nicht echt: sie ist wirklich. Es lassen sich keine Macht- oder Vertretungsansprüche auf sie gründen. Aber ohne sie ist nicht nur dokumentarische Kunst, sondern auch dokumentarische Wahrheit undenkbar.

White Cube und Black Box

Kunst und Kino

In einem Text namens »Ornament und Verbrechen«, der 1908 in Wien geschrieben wurde, beschimpft Adolf Loos die Verzierung als Symbol der menschlichen Kriminalität und des Verbrechens. Zum Ornament fallen ihm die Primitivität der Affen, die Tätowierungen von Papuanern, Stottern, Sklaverei und andere kulturrassistische Assoziationsketten ein. Loos zufolge verweigert sich das Ornament nicht nur dem menschlichen Fortschritt, sondern verhindert ihn sogar. Aber am schlimmsten findet er, dass es die österreichische Nationalökonomie schädigt, denn die Arbeit, die zur Herstellung des Ornaments benötigt wird, ist unterbezahlt und verschwendet. In seiner vor Wut schäumenden Polemik entfaltet Loos ein sehr zeitgenössisches binäres Vokabular. Die ärgsten Feinde seiner messianischen Visionen sind die so genannten Schwarzalben, die primitive Muster und das Verderbnis als solches schätzen. Die Welt, die er sich wünscht, glänzt dagegen ganz in Weiß. Und erst wenn das Ornament, und mit ihm die schwarze Welt der Unterentwicklung und der Zurückgebliebenheit, besiegt werden, ist Erlösung in Sicht.

Die Botschaft ist klar und nicht allzu überraschend: Nackte weiße Wände sind gut, sie bedeuten Fortschritt, Moderne, Entwicklung, Erfüllung; dunkle, farbige oder »tätowierte« Wände hingegen stehen für den Regress der Menschheit in Primitivismus, Kriminalität, Verschwendung, Ineffizienz und Animalität. Interessant ist, dass mit den Schwarzalben in Loos' Polemik eigentlich die Mitglieder der Wiener Secession gemeint waren, deren Ästhetik ihm zuwider war. Seine Abneigung wurde durch den Umstand ins Bodenlose gesteigert, dass er selber eine Zeitlang zur Secession gehörte. Über ihre Verwendung von Ornamenten war Loos so erbost, dass er sie mit sozialdarwinistischen und ziemlich rassistischen Metaphern beschimpfte. Während Loos den Glanz der weißen Wände besang, wurden die Secessionisten von ihm mit dunklen, tätowierten, farbigen und ornamentierten Wänden identifiziert. Der Kult der weißen Wand, der große Teile des 20. Jahrhunderts bestimmte, entspringt also einem Fraktionskampf unter zerstrittenen Wiener Intellektuellen.

Die Ideologie der weißen Wand setzte sich dennoch durch. Sie prägt auch das noch heute vorherrschende Modell der Kunstausstellung: den so genannten White Cube. Fast ebenso bekannt wie der White Cube selbst ist die Kritik daran. Vor allem Brian O'Dohertys Beschreibungen von White Cubes als merkwürdigen Mischungen aus Sakralität und Hygiene, aus juridischen und ästhetischen Gesichtspunkten, aus räumlicher Entleerung und visueller Souveränität sind weithin bekannt.[158] Viele interessante Fragen wurden in Bezug auf den White Cube bereits gestellt, bis auf die naheliegendste: Warum ist der White Cube eigentlich weiß?

Warum also ist er weiß? Und wenn wir schon dabei sind: Warum sind die meisten Innenräume weiß? Mit dieser Frage beginnt der Autor Mark Wigley sein Buch über weiße Wände.[159] Weiße Wände sind ebenso allgegenwärtig wie unsichtbar[160], sie werden als neutrale, leere Flächen wahrgenommen. Wigley argumentiert, dass diese Weißheit der unbewusste Nenner ist, der dem größten Teil der Architektur der Moderne seine Identität verleiht. Aber erst um 1930 hat sich die Farbe Weiß als Insignium moderner Architektur endgültig durchgesetzt.[161] Einer der Meilensteine der hochideologischen Debatten um Weißheit ist die Schrift Le Corbusiers »L'art decoratif d'aujourd'hui« von 1925. Dort argumentiert Le Corbusier nicht nur, dass Architektur nur dann modern ist, wenn sie weiß ist. Die weiße Farbe ist mehr als nur ein Wahrzeichen der Moderne: Sie wird als moralisch bezeichnet, als Insignium der Reinheit und hochstehender Sittlichkeit, ja sie soll sogar Polizeiaufgaben übernehmen.[162] Wie Loos beschreibt Le Corbusier Zivilisation als Prozess des Fortschritts vom Sinnlichen zum Intellektuellen, vom Taktilen zum Visuellen.[163] Die Weißheit der Wände wird zu einem Merkmal von Zivilisation an sich – und diese Zivilisation wird als Überwindung des kulturell oder sozial Anderen definiert. Die tätowierte Haut des Papuaners und des Kriminellen werden der weißen nackten Haut des modernen Gebäudes gegenübergestellt. Während die Ersteren Verworfenheit, Barbarei und Rückständigkeit bezeugen, erstrahlt die weiße Haut der modernen Architektur im Lichte von Fortschritt und Zivilisation.

DAS »AUGE DER WAHRHEIT«

Weiße Wände werden in Le Corbusiers Text mit den Werten des westlichen Fortschritts aufgeladen. Ihre Leere erweist sich als eine Fülle – als eine Fülle moralischer, ästhetischer, zivilisatorischer und sogar polizeilicher Rechtschaffenheit. Damit nicht genug: Weiße Wände funktionieren darüber hinaus auch noch als quasidokumentarische Technologie der Wahrheit. Vor dem Hintergrund weißer Wände erscheint – so Le Corbusier – alles endlich so, »wie es ist«[164]. Die Schicht weißer Farbe nimmt die Funktion einer Brille an, durch die die nackte Wahrheit der Dinge gesehen werden kann. Weiße Wände reinigen und fokussieren den Blick, wie ein Röntgenapparat legen sie das »Wesentliche«[165] bloß.

Während die Ordnung des Ornaments den puren Schein darstellt, erscheint im weißen Ambiente nur das Eigentliche. Die Schicht weißer Farbe verwandelt sich von einem bloßen neutralen Hintergrund in ein Auge, in einen Apparat des Blicks, der die Lüge aufdeckt, den Schein demaskiert und, so Le Corbusier, wie ein »permanent tagendes Schöffengericht« als »Auge der Wahrheit«[166] agiert. Die weiße Kammer wird zum Blickapparat, zur Produktionsstätte von Wahrheit und Essenz und zu einer Art Überwachungskamera, die eine auf Vermeidung von

Exzessen basierende Zivilisation kontrolliert. Sie leitet das Auge nicht nur, sie wird selbst zu einem Auge.

In Loos' und Le Corbusiers Manifesten sind schon alle Elemente für die späteren Debatten um White Cubes und Black Boxes enthalten, die ihren Anfang nahmen, als beide Modelle mit Ende des 20. Jahrhunderts zunehmend im Kunstraum miteinander in Kontakt kamen. Und obwohl fast ein Jahrhundert vergangen ist, gleichen Vokabular und Begriffe dieser Debatte immer noch der vom Beginn des 20. Jahrhunderts. Durch die manichäische Schwarz-Weiß-Malerei der Moderne ist ein Konflikt zwischen beiden Raummodellen unvermeidbar. Denn nicht nur die dunklen Wände der Black Box empören die Anhänger des White Cube. Sondern auch die Tatsache der kinematografischen Projektion selbst. In seinem Text »L'art decoratif d'aujourd'hui« greift Le Corbusier auch die neuen Medien seiner Zeit, etwa Pathé Ciné und Pathé Phono, als dekadent und potenziell korrumpierend an. Da Le Corbusier zufolge die ursprünglichen Eigenschaften der weißen Farbe nur an Orten bewahrt wurden, die von der Modernität verschont wurden, bedeutete die Ankunft des Kinos dort die Invasion des Ornaments und daher von Dekadenz und Verfall: »Pathé-Ciné oder Phono, die unsere Zeit charakterisieren, sind nicht hassenswert – weit davon entfernt –, aber Pathé verkörpert in jenen Ländern, die die Moralität von Jahrhunderten der Tradition leben, ein zersetzendes Virus, das in einigen Jahren alles zerstören wird.«[167]

Das Kino als Institution ist der Moralität und Zivilisation des Regimes der weißen Farbe diametral entgegengesetzt. Le Corbusier beschreibt die kinematografische Projektion als Krankheit, als etwas, das der Ideologie der weißen Wand absolut fremd ist. Der Widerstand gegen die Black Box im White Cube ist daher historisch vorgezeichnet. Natürlich sind die kulturkonservativen Vorurteile gegen das Kino und seine Negation des White-Cube-Modells nicht der einzige Grund, warum viele Kunstkritiker die Integration filmischer Projektionen in einen zeitgenössischen Kunstkontext stark kritisierten. Es gibt zu viele objektive Differenzen zwischen beiden Raumvorstellungen, als dass sie sich umstandslos vermischen ließen. Tatsache ist, dass sie nicht nur verschiedene Eindrücke hervorrufen, sondern auch ganz unterschiedliche Vorstellungen vom Zuschauer implizieren.

Die Black Box, der Kinoraum, wird immer wieder als autoritärer Ort beschrieben, dessen Zuschauer Leidenschaften und Trieben ausgeliefert sind, die sie kaum kontrollieren können und von denen sie überwältigt werden. Die angeblich souveräne und autonome Subjektivität des Publikums des White Cube hingegen, deren Blick durch die weißen Wände gereinigt wird, deren Bewegungen nicht behindert werden und deren Aufmerksamkeit weniger stark reglementiert wird, sieht sich durch das raumzeitliche Modell der Black Box gefährdet. In der Black Box wird das Publikum tendenziell durch zeitbasierte Narrative entmachtet, die ihre eigene Dauer haben. Zusätzlich wirken angeblich unbewusste Kräfte auf sie und zwingen sie in gesellschaftlich determinierte Muster der Identifikation. In Theorien des Kinoapparats wird die Black Box als Wunschmaschine beschrieben, die von libidinösen Energien und unbewussten Trieben durchdrungen ist.[168] Die Black Box ist Abkömmling der so genannten Camera Obscura, deren zentralperspektivische Konstruktion das Publikum wie mit einer Schraubzwinge in einer ideologischen Konstruktion fixieren soll.[169] In der psychoanalytischen Filmtheorie der 1970er Jahre ist sie der Ort voyeuristischer Lust, das Schattentheater der Sexualität.[170] Das Publikum wird als hilfloses und passives Objekt wahrgenommen, dessen Affekte manipuliert und in unkontrollierbare Dynamiken verwickelt werden. Obwohl solche Theorien seither durch Modelle ersetzt wurden, die eine größere Autonomie des Publikums erkennen, lautet die vorherrschende Meinung über die Black Box immer noch, dass sie vor allem einen gefühlsbetonten Ort darstellt, der durch magische Illusion belebt wird, eine Ästhetik der Simulation, die auf die

Überwältigungseffekte des Spektakels zurückfällt und einen sicheren Ort für Zuschauer bildet, die mit dem Unbekannten spielen wollen.[171] »Die Black Box fasziniert durch eine Magie ganz anderer Ordnung. Sie bezieht ihre Kraft aus der Wiederbelebung einer Reizästhetik, die tendenziell auf die Immersionseffekte des Spektakels zurückgreift und mit der theatralischen Verführungskraft des Unbekannten, des Unermesslichen lockt, dessen Schwelle die Betrachter überschreiten können, ohne ihre physische Sicherheit beim Eintauchen in die Illusionswelten der Videoräume zu gefährden.«[172]

Trotz ihres realistischen Charakters vermittelt die kinematografische Projektion den Eindruck der Täuschung und der Unechtheit. Der White Cube transzendiert die Realität, während die Black Box versucht, sie nachzuahmen. Der White Cube schließt die profane Wirklichkeit aus, um ihre Essenz zu gewinnen, während die Black Box die Realität in den Kunstraum holt, aber nur ihre trügerische Oberfläche einfängt. Das Gefühl des »echten Lebens«, das das Publikum der Black Box Boris Groys zufolge empfindet, lässt es mit dem Gefühl zurück, am falschen Ort zur falschen Zeit zu sein. Obwohl die Black Box laut Groys den Zuschauer auf beunruhigende Weise entortet, wird sie gleichzeitig auch als Ort seiner Stillstellung beschreiben, ja sogar als diktatorischer Ort seiner Unterwerfung.[173]

Die Kinoprojektion stört die weißen Hallen ebenso wie Loos' kriminelles Ornament; sie stellt einen Regress in die dunklen Bereiche der Profanität dar. Sie wird als Teil eines komplexen Höhlensystems[174] beschrieben, sie überwältigt, sie verwandelt die anderen Kunstgegenstände in »Fremdkörper«[175], sie lässt das Museum in Finsternis versinken[176] und erschafft sogar unkontrollierbare und potenziell transgressive *dark rooms*.[177] Damit nicht genug, sind auch noch Klassenaspekte mit dem Ressentiment gegen die Black Box im Ausstellungsraum verknüpft. Wie Mark Nash argumentiert, verbindet sich immer noch der Ruch des Populären mit dem Kinoraum, während der White Cube mit der eher elitären Welt des klassischen

Ausstellungsbetriebs verbunden wird.[178] In den immer wieder laut werdenden Ressentiments gegen die Black Box spiegelt sich ein Bedrohungsszenario, das an Le Corbusiers Visionen heraufdämmernder Dekadenz und überbordender Weltlichkeit durch die pathologische Kraft des Kinos erinnert. Die Black Box macht gleichzeitig passiv und ortlos, sie überwältigt und unterfordert, sie bringt trotz ihrer diktatorischen Anordnung letztendlich alles durcheinander. Der abhängige Publikumstyp der Black Box kontrastiert scharf mit dem ideologischen Wunschbild des souveränen Zuschauers innerhalb des White Cube, der seine oder ihre angebliche Kennerschaft durch die Wahl von Blickwinkel, Distanz, Betrachtungszeit usw. genießen kann.

Wie oben erwähnt, ist das Vokabular dieser Debatte dem von »Ornament und Verbrechen« recht ähnlich. Es wirkt, als wollten die Schwarzalben des Kinos die heiligen weißen Hallen des Zions der Kunst entweihen. Der einzige Vorwurf, der seitens der zeitgenössischen Kunstkritik noch fehlt, ist der, dass die Nationalökonomie durch die Verschwendung von Arbeitszeit durch endlose Filmprojektionen geschädigt werde.

Auf der anderen Seite gibt es aber auch Black-Box-Fundamentalisten, die auf der leicht sadomasochistischen Einrichtung des traditionellen Kinoraums insistieren, mitsamt seiner autoritaren Aura und den angeblichen Freuden der visuellen Unterordnung, die mit ihr einhergehen. Das »Unsichtbare Kino«, das von Peter Kubelka in den 1970ern entworfen wurde, ist eine zutiefst modernistische Sehmaschine, die durch möglichst unbequeme Stühle und Beschränkungen des Blickfelds versuchte, volle Konzentration auf die Leinwand zu erzielen. Es erinnert ein bisschen an die Sehmaschinen in Stanley Kubricks Film »Clockwork Orange«, die die Augen ihrer Opfer mit Hilfe von Gabeln offen halten. In diesem Sinne ähneln sich Black-Box- und White-Cube-Fanatiker durchaus – nichts soll ihre Weltsicht stören, und erst recht kein Eindringling.

Neben den teils kulturkonservativen Untergangsszenarien, die den Gegensatz von Licht und Dunkel, Souveränität und Verunsicherung, Essenz und Schein betonen, gibt es jedoch noch andere Ansätze. Der Schwerpunkt dieser Perspektiven liegt darin, die binären Modelle in Frage zu stellen und sich darauf zu konzentrieren, was die Inklusion von Black-Box-Modellen in die Ausstellungspraxis für Auswirkungen sowohl auf die Arbeiten als auch auf die Zuschauer hat. So betont Lynne Cooke etwa, dass das Modell des klassischen Kinoraums für etliche Black Boxes gar nicht mehr zutrifft. Zuschauer hätten im Ausstellungskontext wesentlich mehr Spielraum, um ihr eigenes Verhältnis zur Leinwand bzw. zu einer Vielzahl von Bildquellen zu finden, als dies im klassisch zentralperspektivischen Kinoraum der Fall ist.[179] Mark Nash interpretiert die Black Box ebenfalls eher als Raum der Freiheit.[180] Diese Freiheit wird allerdings weniger durch die Freisetzung des Publikums erreicht als durch die Auswahl der Materialien, die präsentiert werden. Er argumentiert, dass im Kunstraum vor allem solche Arbeiten gezeigt würden, die die klassischen Identifikationsmechanismen und mechanischen Dramaturgien des Mainstream-Kinos ohnehin unterlaufen und somit den zwanghaften Apparatuscharakter des Kinos in Frage stellen.[181] Aber auch die Integration kollektiver und politischer Arbeiten in den Kinoraum destabilisiere das autoritäre Verhältnis, das dieser traditionell mit dem Publikum eingehe.[182]

Von kuratorischer Seite aus nehmen Versuche zu, die Dichotomie von White Cube und Black Box durch komplexere Anordnungen aufzulösen, die Ausstellungsräume nicht mehr primär als entweder hehre, helle Schreine oder aber dunkle Wunschmaschinen begreifen, sondern als fluide Handlungsräume inszenieren. In diesen werden Zuschauer weder als hilflose und stillzustellende Triebbündel noch als devote Anbeter eines weiß gleißenden »Auges der Wahrheit« adressiert, sondern als Akteure in einem sozialen Raum, der nicht mehr nur von unterschwelligen Annahmen über die Eigenschaften bestimmter Farben strukturiert ist. Ein Beispiel dafür ist etwa die Ausstellung »Die Regierung – Paradiesische Handlungsräume«, die ausgerechnet in jener Wiener Secession stattfand, der wir indirekt den Kult der weißen Wand zu verdanken haben. In dieser Ausstellung sollte – so die Kuratoren – durch die Anordnung der Arbeiten im Raum ein dreidimensionaler Film inszeniert werden. Während der Ausstellungszeit wurde der Ausstellungsraum dabei sukzessive von einem White Cube in eine Black Box verwandelt – und wieder zurück.[183] Ein anderer sehr interessanter Versuch, die Schwarz-Weiß-Dichotomie der Projektionssituation zu hinterfragen, ist in Florian Zeyfangs Diaserie »Obscurity« (Kiev Version) von 2006 zu sehen. Eine Serie schwarz-weißer Dias wird projiziert. Aber diese Projektion findet nicht, wie üblich, auf eine weiße Leinwand statt. Die traditionelle Situation wird umgekehrt, die Projektionsfläche ist ein schwarzes Rechteck auf einer weißen Wand. Der Effekt ist umwerfend: Die Dias erhalten einen seltsam leuchtenden, irisierenden Schimmer – ein subtiler Verfremdungseffekt, der die Bilder auf fast unmerkliche Weise verändert. Den Bildern liegt mit der schwarzen Projektionsfläche eine Dunkelheit zugrunde, die physikalisch auch die Abwesenheit von Reflektion bedeuten kann: »Obscurity«. Dieser Titel stammt aus dem Film »JLG/JLG – autoportrait de décembre« von Jean-Luc Godard (1994). Darin heißt es (in Anlehnung an Foucaults Begriff der Gouvernementalität), dass Obskurität Regierung sei, und damit die Art, wie Menschen freiwillig darin einwilligen, regiert zu werden. Die Dunkelheit ist in diesem Fall kein Symbol für das Andere, Primitive oder Ursprüngliche, sondern ein Porträt der eigenen Lust an der Unterwerfung. Indem Zeyfang seine Dias auf dieses »Selbstporträt« projiziert, zeigt er auf subtile Weise, wie Regierung den Blick wie durch einen Filter lenkt und damit Bilder beeinflusst und grundiert. Es ist nicht mehr die weiße

Wand, die als »Auge der Wahrheit« agiert; erst die schwarze Projektionsfläche bringt deren Ideologie zum Vorschein.

EIN BLOSSES SPIEL VON SCHATTEN

Unter den künstlerischen Versuchen, sich mit dem Kino im Kunstraum auseinander zu setzen, sticht eine Arbeit durch ihre Komplexität heraus: William Kentridges Installation »Black Box«[184]. Kentridge kombiniert Projektionen von Animationsfilmen, mechanische Modelle und nachgezeichnete Dokumente in einer Arbeit, die an das von deutschen Truppen 1904 begangene Massaker an Herero im heutigen Namibia erinnert. Dieses Massaker ereignete sich nur wenige Jahre, bevor Adolf Loos seinen Text über das primitive Ornament schrieb. Vermutlich können wir seine Vorstellungswelt erst durch diesen politischen Kontext begreifen. In diesem Umfeld wurden koloniale Verbrechen an Schwarzen mit rassistischen Theorien ihrer Rückständigkeit und Verworfenheit legitimiert, die auch kinematografische Metaphern enthielten.

Zentraler Bestandteil von Kentridges Installation ist ein mechanischer Bühnenautomat, der in der Mitte des Raums steht und auf dessen kleiner Modellbühne von Zahnrädern bewegte Blechfiguren zirkulieren. In manchen Sequenzen der 13 Minuten langen Spielszene, die auf dieser Bühne stattfindet, werden auch Animationsfilme auf die Bühne projiziert. Mit dieser Bühnenkonstruktion rückt Kentridge den zentralperspektivischen Apparat des Blicks in den Mittelpunkt, der den Theater- und später Kinoraum prägt. Die kleine Modellbühne steht frei im Raum, sodass ihre Mechanismen, die Zahnräder und Ketten, die das Schauspiel animieren, deutlich sichtbar sind.

Die Schattenrissfiguren auf der Modellbühne und die auf deren Rückwand (oder Vorhang) projizierten Figuren bewegen sich nach demselben mechanischen Prinzip. Repräsentation und Industrie arbeiten im gleichen Takt; koloniale Ölpumpen und mechanische Figurinen rotieren synchron. Sowohl die visuelle

Maschine als auch die Ökonomie des Imperialismus beruhen auf der Schematisierung und Nutzbarmachung der Naturgesetze. Dieses Prinzip geht so weit, dass es auch auf Menschen übergreift. In einer der Animationssequenzen von »Black Box« wird eine schwarze Figur gewaltsam in ihre Bestandteile zerlegt, als sei sie selbst eine Art lebloser, schattenhafter Arbeitsmechanismus; eine klassisch koloniale Vorstellung, die Joseph Conrad in seinem Kongo-Roman *Herz der Finsternis* verewigte. In Conrads Buch taumeln dem Protagonisten aneinander gekettete schwarze Arbeitssklaven entgegen, die ihm wie schemenhafte Gespenster erscheinen; Schatten, die jeder Realität entbehren.

Auch Hannah Arendt bezog sich in ihrer etwas fragwürdigen Abhandlung über das Zeitalter des Imperialismus auf diese Passage bei Conrad und versuchte die Gewalt der Kolonialherrschaft daraus zu deuten. Sie schreibt: »Man mordete keinen Menschen, wenn man einen Eingeborenen erschlug, sondern ein Schemen, an dessen lebendige Realität man ohnehin nicht glauben konnte, und man handelte nicht in eine Welt hinein, sondern in ein ›bloßes Spiel von Schatten. Ein Schattenspiel, durch das die herrschende Rasse unberührt und unbemerkt hindurch schreiten konnte im Verfolg ihrer eigenen unverständlichen Ziele und Absichten.‹«[185] Der Mord an Afrikanern wurde dadurch gerechtfertigt, dass sie mit Schatten verglichen wurden. Die Mörder taten, als seien sie im Kino. Ganz Afrika war eine Black Box für sie, in der ihre Taten nicht die geringsten Konsequenzen für sie hatten und die zentrale Perspektive in ihrer Habgier bestand. Vor diesem historischen Hintergrund erhalten sowohl Loos' Pamphlet als auch die Debatten, die sich daraus ableiten, eine tragische Dimension. Die Art, wie wir sehen, ist tief in die Welt verstrickt, in eine Welt kolonialer Massenmorde, die zum Schattentheater verharmlost wurden.

Dokumente spielen in Kentridges Installation eine wichtige Rolle. Obwohl er keine Originaldokumente verwendet, bestehen seine Zeichnungen, auf denen die Animationsfilme beruhen, auf historischen Dokumenten, Karten, Sterbelisten, »rassen«-kundlichen Abbildungen. Kentridge übersteigert diese Dokumente und montiert sie auf groteske Weise neu. In einer Animationssequenz fügen sie sich schließlich in Form einer fotografischen Irisblende neu zusammen. Spielerisch verdichtet Kentridge damit einen wichtigen Zusammenhang. Denn tatsächlich organisierten Dokumente den kolonialen Blick wie ein monströses »Objektiv«. Ein Wust von bürokratischen, militärischen oder mehr oder weniger wissenschaftlichen Dokumenten wirkte wie eine Brille, deren Blick die Realität erschuf.

Bezeichnend für die militärisch-bürokratische »Objektivität« dieser Epoche ist der Umstand, dass selbst die Kameratechnik von militärischem Know-how durchdrungen war. So wurden in den 1860er-Jahren Fotografien auf einer Emulsion belichtet, die als Abfallprodukt der Sprengstoffgewinnung anfiel. Der Mechanismus einiger früher Plattenkameras beruhte direkt auf dem Mechanismus des Colt-Revolvers. Auch die Mechanik von Filmkameras wurde später von der Technologie des Maschinengewehrs inspiriert.[186] Eine Metaphorik der Jagd charakterisierte die Rhetorik der kolonialen Fotografie.[187] Sie wurde als Trophäenjagd interpretiert und mit der Arbeit von Tierpräparatoren und Gerbern verglichen.[188] Der Abbildungsgegenstand sollte wie ein Tier in die Falle gehen. Der erste Werbespruch von Eastman für den Kodak-Rollfilm lautete: »Sie drücken auf den Abzug, wir erledigen den Rest.«[189] Schießen und fotografieren; eine alte, ja klischeehafte Analogie, die während der Kolonialherrschaft jedoch Realität wurde. Kentridges Arbeit zeigt, wie im Zeitalter des Imperialismus ein ganzer Kontinent zur Black Box zugerichtet wurde, zur »Dunkelkammer« der Weltgeschichte, in der Techniken der Brutalität für das 20.

Jahrhundert entwickelt werden konnten. Und die historische Dimension seiner gründlichen Auseinandersetzung wirft ein flackerndes Licht auf die gegenwärtigen Debatten um Black Boxes und White Cubes.

Wie aber verhält sich Kentridges Installation zu den gegenwärtigen Modellen des White Cube und der Black Box? Wie vermittelt sie das Verhältnis von Dauer, Raum, Helligkeit und Dunkelheit, von Moderne und ihrem Regress in Barbarei? Im Hauptraum der Installation alternieren Hell- und Dunkelphasen. Während in der Hellphase die an die Wand gehängten Einzelbilder aus den Animationen wie in einem White Cube betrachtet werden können, werden sie während der Dunkelphase hintereinander zeitbasiert als Animation gezeigt. Der Film wird in die Zeichnungen zerlegt, die Zeichnungen fügen sich zum Film zusammen. Der Raum fügt sich zur Dauer, die Dauer verbreitet sich im Raum. Auch dreidimensionale Objekte zeigt die Arbeit unter zwei Perspektiven: Sie werden in einer Vitrine installiert, in der sie von vorn wie im Museum betrachtet werden können, während die semitransparente Rückwand sie als Schattenrisse erscheinen lässt. Ob etwas schwarz oder weiß ist, hängt von der Perspektive ab: vorn, hinten; Raum, Zeit. Und »Black Box« brilliert in der Inszenierung dieser Stereotypie. Vielleicht fehlt trotzdem eine weitere Perspektive: nämlich ein Hinweis darauf, dass die Deutsche Bank, in deren Berliner Guggenheim »Black Box« präsentiert wurde, zu den Hauptfinanziers der »Deutschen Kolonialgesellschaft für Südwestafrika« (DKfSWA) gehörte und daher tief in die beschriebenen Ereignisse verstrickt war. Keine der beiden Perspektiven von »Black Box« weist uns auf diesen Zusammenhang hin. Und so kommen wir auf einem Umweg wieder zu Adolf Loos zurück. Der hielt das Ornament für ein Verbrechen. Aber ab wann wird ein Verbrechen zum bloßen Ornament?

Phantom Truck

Die Krise der dokumentarischen Repräsentation

Nur schemenhafte Umrisse im Dunkeln. Erst langsam fügen sie sich zur Gestalt eines riesigen Lastwagens zusammen, der in der Ecke einer Halle parkt. Geheimnisvolle Fässer sind auf der Ladefläche aufgebaut. Ist dies ein getarntes Schmuggelfahrzeug? Ein »Schlepper«, der illegale Einwanderer transportiert? Oder eine monochrome Version des unheimlichen Trucks aus Steven Spielbergs Spielfilmdebüt »Duell«, der versucht, auf einem Highway einen Autofahrer umzubringen? Nichts davon trifft zu: Es ist die Installation »Phantom Truck« des Künstlers Iñigo Manglano-Ovalle.

Ein Katalogtext erschließt den Kontext. Der »Phantom Truck« ist die Umsetzung eines berüchtigten »Dokuments« in die Wirklichkeit. 2003 präsentierte der damalige US-Außenminister Colin Powell dem versammelten Weltsicherheitsrat der Vereinten Nationen eine ganze Reihe von irritierenden Quasidokumenten, die den Besitz von Massenvernichtungswaffen seitens des Irak belegen sollten – und sprengte damit beiläufig die Grenzen dokumentarischer Beweisführung. Seine Präsentation beschrifteter Satellitenfotos verwischte die Grenze zwischen Beweis und Deutung. Unscharfe Gebäude auf Luftbildern wurden zu militärischen Komplexen erklärt. Am seltsamsten waren jedoch Zeichnungen im Stil technischer Phantombilder, die die Existenz der dargestellten Objekte beweisen sollten. Unter ihnen befand sich auch der oben erwähnte Lastwagen. Manglano-Ovalle setzte diese Vorlage in eine Installation um. Dass von ihr in der Dunkelheit nur mit Mühe etwas zu erkennen ist, bringt die gegenwärtige Krise dokumentarischer Repräsentation auf den Punkt.

Der Umstand, dass Powells Artefakte überhaupt als »Dokumente« fungieren konnten, zeigt das Ausmaß dieser Krise.

Denn traditionell entstehen Dokumente als Ergebnis mehr oder weniger klar definierter Verfahren. Juristische, kriminalistische, sogar journalistische Dokumente werden gemäß bestimmten Regeln hergestellt. Sie müssen auf mehreren, voneinander unabhängigen Quellen beruhen oder durch wissenschaftliche Untersuchungen bestätigt werden. Das dokumentarische Bild, das weniger strikten Regeln unterliegt, gewinnt seine Autorität unter anderem auch durch seine Evidenz und durch den Mythos technischer Objektivität, das heißt durch die fotografische Abbildung.[190] Fast alle diese Punkte wurden in Powells Präsentation quasi nebenbei außer Kraft gesetzt. Die Quellen waren geheim, die Interpretation intransparent. Vor allem die Zeichnungen der »mobilen Waffenlabore« unterbrachen die indexalische fotografische Beziehung zwischen Gegenstand und Abbild, die von visuellen Dokumenten eigentlich erwartet wird. Ein Phantombild wurde als Beweis angeführt. Selbst Powell wirkte wenig überzeugt von seiner eigenen Argumentation.

Anstelle einer immer weiter im Nebel des Krieges verschwimmenden Realität rückte in Powells Zeichnungen jedoch ein anderer Aspekt dokumentarischer Bilder in den Vordergrund: die traditionelle Nahbeziehung von Dokumenten zur Macht. Diese Macht stellt die andere Seite der klassischen dokumentarischen Wahrheitsverfahren dar. Das Archiv beruht auf der Bürokratie, die Jurisprudenz ist ohne Polizei undenkbar, das Kameraobjektiv wird unter Umständen zur opportunistischen Gummilinse. Wie oben kurz erwähnt, wurde die Produktion eines solchen – naturgemäß interessegeleiteten – Macht-Wissens von Michel Foucault als »Politik der Wahrheit« beschrieben[191], als flexibles System, mit dem »Wahrheit« nach Bedarf hergestellt werden kann.

Das Problem an Foucaults Konzept ist jedoch: Wenn alle Dokumente gleichermaßen interessegeleitete Konstrukte sind – was unterscheidet dann Powells Fabrikationen von seriösen Recherche-Ergebnissen? Wie halten wir Fakten und Erfindungen auseinander? Obgleich die enge Verbindung von Dokument und Macht/Wissen offensichtlich ist, bedeutet dies nicht, dass Dokumente deswegen außerstande sind, einen Eindruck von der Realität zu vermitteln. Denn selbst wenn alle Dokumente konstruiert sind, sind doch nicht alle Dokumente auf die gleiche Weise befangen. Und obwohl die Realität sich dokumentarisch niemals vollständig erfassen lässt, reicht manchmal auch eine Kombination ihrer Teilaspekte, um sich ein hinreichendes Bild von ihr zu machen. Die dokumentarische Politik der Wahrheit ist zwar mächtig – aber nicht allmächtig.

DIREKTE ÜBERTRAGUNG

Wie Wahrheitspolitik formuliert, durchkreuzt und ersetzt wird, erzählt beispielhaft der Film »Videogramme einer Revolution« (1992) von Harun Farocki und Andrej Ujica, der von den Ereignissen des rumänischen Machtwechsels 1989 handelt. Am Anfang des Umsturzes kontrolliert die Regierung Ceausescu noch die Massenmedien. Die Übertragung einer Rede des Diktators wird in dem Moment unterbrochen, in dem die Menge ihn ausbuht – absurderweise durch ein rotes Schild, auf dem »Direkt-Übertragung« steht. Die Macht zur medialen Konstruktion des Geschehens ist noch monopolisiert – aber die Wahrheitspolitik der Regierung zeigt erste Risse.

Trotz der Unterbrechung zeichnen die Fernsehkameras weiter auf. Gleichzeitig laufen Amateur-Camcorder mit, ein Faktor, mit dem zu dieser Zeit noch niemand rechnet. Aus der Kombination verschiedener Blickwinkel lassen sich im Nachhinein die Ereignisse in »Videogramme einer Revolution« rekonstruieren. Der Film ist eine ausgezeichnete Analyse medialer Wahrheitspolitik. Er archiviert verschiedene Versionen und montiert divergierende Quellen.

Die Kombination verschiedenster Dokumente stellt in Farocki und Ujicas Film die Version(en) der Massenmedien in Frage. Das geschieht allerdings erst in einer Montage, die lang nach den Ereignissen stattfindet und die im Moment der Machtübernahme bedeutungslos bleibt. Die Aufnahmen der Amateur-Camcorder werden erst im Nachhinein relevant. Die Aufständischen halten sich nicht mit diesen Dokumenten auf. Korrekte Geschichtsschreibung interessiert sie weniger als die Mittel, um Geschichte zu machen. Sie konzentrieren sich darauf, ihrerseits das Monopol über die Medienmacht zu erlangen. Gerade weil sie die Macht zentralisierter medialer »Wahrheitspolitik« kennen, besetzen sie den Fernsehsender und vollenden den Umsturz von dort aus. Eine Elite ersetzt die andere, eine »Politik der Wahrheit« wird durch die nächste abgelöst.[192]

Der Fall des rumänischen Umsturzes ist ein ausgezeichnetes Beispiel für dokumentarische Wahrheitspolitik. Aber Dokumente ausschließlich zu Erfüllungsgehilfen von Machtinteressen zu erklären bedeutet, sie zu unterschätzen und alle Unterschiede zwischen verschiedenen dokumentarischen Verfahren zu nivellieren. Die Dokumente der Camcorder sind nicht dieselben, die live im Fernsehen verbreitet werden, beide zusammengenommen sagen weniger aus als die komplexe Montage, die »Videogramme der Revolution« wirken lässt, als sei der Film in einem imaginären Regieraum der Weltgeschichte kompiliert worden.

EIN DOKUMENT DES REALEN

Zurück zum schwarzen Lastwagen. Die Frage dokumentarischer Manipulation ist in »Phantom Truck« zweitrangig. Die Arbeit interessiert sich nicht primär für politische Wahrheit, sondern für politische Fiktion. Die Installation setzt die Vorgaben des fiktionalen »Dokuments« in die Realität um, sie realisiert die Fiktion. Aus einem paranoiden Phantombild wird die wuchtige materielle Realität eines dreidimensionalen Lastwagenmodells. Aber dessen Wirklichkeit bleibt im Zwielicht. Der »Phantom Truck« verharrt an der Grenze der Wahrnehmung, wie ein Albtraum, der in den Wachzustand ausufert.

Vielleicht zielt »Phantom Truck« gar nicht auf die politische Realität, sondern auf das politisch Reale. Jacques Lacans rätselhafter Begriff bezeichnet einen Zustand, der weder imaginär noch symbolisierbar ist, sondern eine singuläre Existenz besitzt. Etwas, das man nicht aussprechen kann, das nicht in die Kontinuität einer Narration überführbar ist, eine beunruhigende Präsenz, die weder rationalisiert noch verdrängt werden kann. Obgleich die Realität auf ihm beruht, bleibt das Reale streng aus ihr ausgeschlossen. Auch in der individuellen Psyche muss die Realitätswahrnehmung vom Realen streng getrennt bleiben. Wenn die Grenze zwischen beiden durchbrochen wird, spricht man von einer Psychose.[193] Paranoide Angstvorstellungen überschwemmen die Wahrnehmung der Wirklichkeit. Der »Phantom Truck« dokumentiert eine politische Psychose der Gegenwart. Die Angst vor Terror verwandelt sich in den Terror der Angst.

Der »Phantom Truck« zeigt, dass die Grenze zwischen Wahn und Wirklichkeit nicht nur auf psychischer Ebene brüchig geworden ist, sondern auch in der materiellen Realität. Powells Präsentation spielte bei der Legitimation des Angriffs auf den Irak eine entscheidende Rolle. Obgleich die von ihm präsentierten Zeichnungen nicht der Realität entsprachen, haben sie unbestreitbar dramatische neue Realitäten geschaffen. Die Bilder haben das Terrain der Repräsentation verlassen und damit begonnen, Handlungen zu katalysieren. In »Phantom Truck« wird auch dieser ganz materielle Akt der Realisierung evoziert: Ein Bild erschafft eine neue Wirklichkeit.

HANDELNDE BILDER

Es ist kein Wunder, dass diese Funktion medialer Bilder zum ersten Mal nach den Wirren des schon erwähnten rumänischen Umsturzes beschrieben wurde, einem Zeitpunkt, an dem alte und neue Medien sowie alte und neue Weltordnung brutal aneinander stießen. »Es ist das Bild, das jetzt Ereignisse verursacht«[194], schrieb Vilém Flusser schon Anfang 1990, wenige Monate nach den Ereignissen. Wie kaum ein anderer war dieser

Umbruch mit Fernsehbildern verknüpft – den Bildern von der Besetzung des staatlichen Fernsehens nach Ceaucescus Flucht, schließlich den widersprüchlichen Video-Versionen seiner Exekution. Das Fernsehen schien nicht mehr zu dokumentieren, sondern sich selbst als handelnder Akteur in den Vordergrund zu schieben.

Über die Verquickung der politischen und medialen Ereignisse war Flusser entsetzt. Erschüttert erklärte er, dass das Fernsehen die Vorgänge zum »ästhetischen« Ereignis, zum Happening verklärt habe.[195] Aber damit meinte Flusser nicht, dass die Ereignisse schön oder gar erhaben gewesen seien. Flusser verstand Ästhetik ganz wörtlich: als Bereich der sinnlichen Wahrnehmung, als Formation der Affekte. Ästhetisch waren die TV-Bilder, weil sie in ihrer verwirrenden Drastik die Sinne ansprangen, weil sie überwältigend und verstörend wirkten. Die Ästhetik der Fernsehbilder des Umsturzes von '89 hatte nichts mit Schönheit oder Erhabenheit zu tun, sondern mit einer neuen und intensivierten Politik der Wahrnehmung. Flusser zufolge sind diese Bilder nicht deswegen wirklich, weil sie Wirklichkeit abbilden, sondern weil sie intensive und reale Affekte auslösen. Sie sind nicht unbedingt Folge einer vorhergegangenen Realität, aber zweifellos die Ursache der darauf folgenden Realität. Sie sind nicht wirklich; sie *werden* wirklich.

Flusser, der seine Überlegungen damals kurz nach den Ereignissen niederschrieb, verstand diese Bilder als Eintritt in die *post-histoire*[196], einen Zustand nach Politik und Geschichte, in dem Bilder wie eine Art technischer Voodoozauber magische Macht ausüben.[197] 17 Jahre nach den Ereignissen kristallisiert sich heraus, dass das, was Flusser damals hellsichtig beschrieb, tatsächlich ein visueller Epochenbruch war, dessen Tragweite uns immer noch nur in Umrissen bewusst ist.

Eine andere Installation von Manglano-Ovalle. Der Titel ist »Radio«. Ein kleines schwarzes Radio steht auf dem Boden eines leeren Raums. Eine Farbfolie filtert das einströmende Tageslicht in grellem Orange. Die Stimmung ist aggressiv, surreal, berauschend. Die orange Farbe ist vermutlich nicht zufällig gewählt. Sie entspricht dem Farbcode für die höchste Terrorwarnstufe der Behörde für Innere Sicherheit der USA. Das grelle Orange ist Signal extremen Alarms. Die Installation weist ihm die Rolle einer politischen Hintergrundstrahlung zu, die nur deswegen kaum auffällt, weil sie allgegenwärtig ist. Wie in einem Labor können Besucher die Wirkung des farbigen Lichts auf ihre Sinne erproben. Das heftige Orange desorientiert, es wirkt wie eine Droge, es verzerrt die Wahrnehmung der anderen Farben und wird zum einzigen ästhetischen Maßstab.

Signale ohne Bedeutung (*signals without signification*)[198] – so nennt Brian Massumi die Farben der Terrorwarnskala. Ihre Funktion ist die Modulation kollektiver Angst. Angst ist nicht nur *die* politische Emotion der Gegenwart. Angst ist das LSD des frühen 21. Jahrhunderts. Angst macht süchtig und sogar sehnsüchtig. Sie ist intensiv, opulent, sie vermehrt sich, anders als Menschen bewegt sie sich frei und schnell. Sie kann ähnlich wie digitale Information nicht nur ohne Qualitätsverlust, sondern sogar mit erheblicher Verbesserung kopiert werden. Sie ist Gegenstand intensiven Genießens, ein paradoxes Begehren in Verkleidung. Angst fühlt sich real an – die Realität nicht unbedingt.

Für Marshall McLuhan spielt das Radio beim Verbreiten von Angst eine wichtige Rolle. Es funktioniert wie eine Stammestrommel, die direkt an archaische Gefühle appelliert. Der Rundfunk ist Symptom einer elektrischen Implosion der Welt, eine Art globale Erweiterung des zentralen Nervensystems.[199] Paolo Virno hat uns daran erinnert, dass diese durchdringende und existenzielle Angst mit dem Verlust traditioneller Gemeinschaften und dem im Entstehen begriffenen Zustand der Menge verbunden ist. Sie kann nicht durch gemeinsame Rituale oder deren modernes Gegenstück, eine kommunikativ-rationale Öffentlichkeit, in Schach gehalten werden. Im Gegenteil: Die Angst selbst ist eine Form der zeitgenössischen Öffentlichkeit.[200]

Signale ohne Bedeutung: Das kleine Radio am Boden von Manglano-Ovalles Installation gibt nur Rauschen von sich. Man könnte sagen: oranges Rauschen. Es hat keine Botschaft – es ist die Botschaft. Die Wahrheitspolitik der Gegenwart ist ästhetisch, sie zielt auf Wahrnehmung und Empfindungen. Sie setzt sich in den Sinnen fest, sie steuert präzise Gefühle an. Sie arbeitet weniger mit Fälschungen als mit der Realisierung ihrer eigenen Fiktionen. Politik ist heute nicht nur ästhetisch, sondern synästhetisch. Wie die Farben in Manglano-Ovalles monochromen Installationen durchtränkt sie die Gegenwart mit bedrückenden und aufputschenden Stimmungen.

KRISE DER REPRÄSENTATION

Die monochrome Form hat noch eine andere Bedeutung. Sie verweist auf eine allgemeine Krise der Repräsentation. In der westlichen Kunstgeschichte des 20. Jahrhunderts spitzt das Monochrom eine Krise der Repräsentation zu, die schließlich die Zerstörung und Überwindung der traditionellen Form des Tafelbildes mit sich bringt. Künstler und Künstlerinnen befreiten Farbe, Form und letztlich auch die Objekte aus der Beschränkung des Rahmens. Der Rahmen wurde angegriffen, freigelegt, zerstört und später einfach zurückgelassen.[201]

Auch die Politik bewegt sich zunehmend jenseits der traditionellen Repräsentation. Es scheint, als ob wir langsam den Rahmen des demokratischen Nationalstaates hinter uns lassen, genauso wie wir den Rahmen des traditionellen Tafelbildes hinter uns gelassen haben. Bestimmte Teile der Bevölkerung werden von politischer Repräsentation ausgeschlossen. Demokratische Hybride wie die Europäische Union entstehen, die indirekte Formen der politischen Repräsentation begünstigen. Auch jenseits der Nationalstaaten entsteht kein verbindlicher Rahmen politischer Vertretung. Repräsentation – ob als künstlerische Darstellung oder politische Vertretung – ist in der Krise.

Diese ästhetische wie politische Krise ist auch im Bereich der dokumentarischen Produktion überdeutlich. Nationalstaaten verlieren das Monopol über öffentliche Bilder und Töne. Staatliche Rundfunksender erhalten private Konkurrenz, die Öffentlichkeit wird zum Markt.[202] Damit lockert sich der Zugriff staatlicher Wahrheitspolitik, und mit ihr verlieren auch die traditionellen dokumentarischen Wahrheitsverfahren an Gültigkeit. Das filmische oder fotografische Dokument löst sich aus seiner Verankerung in den Macht/Wissens-Apparaten von Bürokratie, Jurisdiktion und Wissenschaft und wird zunehmend in die Kreisläufe der Unterhaltung und Mobilisierung integriert. Es adressiert nicht mehr unbedingt den Verstand, sondern die Gefühle. Es zirkuliert nicht nur in den nach wie vor kontrollierten Fernsehkanälen, sondern auch in der deregulierten Gerüchteküche des Internets. Seine potenzielle Fiktionalität steigt damit ebenso wie die Mittel, um diese durch Vergleiche und Beobachtungen in Zweifel zu ziehen. »Radio« und »Phantom Truck« führen uns diese Veränderungen des Verhältnisses von Politik, Dokumenten und Medien unter den Bedingungen von Globalisierung und Krieg beispielhaft vor: die Reduktion von Information auf Ästhetik, die Verwandlung von Sinn in Sinnlichkeit.

Die Schatten, die den »Phantom Truck« verdunkeln, erhellen umgekehrt, dass die Krise der Repräsentation auf politischer und künstlerischer Ebene auch die Begriffe des Dokumentarischen und der Öffentlichkeit erfasst hat. Diese Krise erschüttert nicht nur die Politik, sondern auch den Bezug von dokumentarischen Bildern und Tönen zur Wirklichkeit. Ihr Symptom sind drastische Stimmungen, die radikale Ästhetisierung von Politik sowie Fiktionen, die die Wirklichkeit kolonisieren. Das allgegenwärtige orange Rauschen vermittelt keine Botschaft. Es repräsentiert keine Realität; es ist die Realität. Durch die Risse dokumentarischer Repräsentation überqueren währenddessen dunkle Phantomlastwagen die Grenze zur Wirklichkeit.

Die Sprache der Dinge

Eine materialistische Sicht auf dokumentarische Praxen

»Wem teilt die Lampe sich mit?
Das Gebirge? Der Fuchs?«

Walter Benjamin

Was, wenn die Dinge sprechen könnten? Was hätten sie uns zu sagen? Oder sprechen sie schon längst, und wir hören es bloß nicht? Walter Benjamin hat diese seltsamen Fragen gestellt und auch gleich beantwortet. Benjamin zufolge kommunizieren die Dinge direkt miteinander, indem sie die ihnen innewohnenden Energien und Kräfte austauschen.[203] Die Sprache der Dinge ist die lautlose Symphonie einer Materie, die sich in pulsierende Energie verwandelt. Und aus dieser wortlosen Sprache wird durch verschiedene Übersetzungen die Sprache der Menschen, deren Wesen Benennung ist.

Die dokumentarische Bildsprache ist eine solche Übersetzung zwischen der Sprache der Dinge und der Sprache der Menschen. Das ist die Grundlage ihres engen Verhältnisses zur materiellen Wirklichkeit. Einerseits horcht sie in die Sprache der Dinge hinein; sie fängt ihre stummen Schwingungen auf. Andererseits nimmt die dokumentarische Bildsprache auch an der Sprache der Menschen teil. Diese Sprache ist die Sprache der Namen, der Worte, der Urteile, eine Sprache, die Bedeutungen festlegt und robuste Kategorien des Wissens errichtet. Diese Sprache zielt auf die Objekthaftigkeit der Dinge, ihre Stabilität und ihre Oberfläche. Ein fotografisches Bild eines Dings gilt ihr als dessen Wirklichkeit, sein Begriff als dessen Wahrheit. Anstatt an der Veränderung der Dinge ist sie an ihrer Permanenz interessiert, anstatt auf ihre Dauer zielt sie auf ihre Ewigkeit.

Die dokumentarische Form gehört halb der Sprache der Dinge an, halb jener der Menschen. Halb ist sie stumm, halb lauthaft, halb nimmt sie am Austausch der Dinge teil, halb kommentiert und bewertet sie ihn. Bald wird sie vom lautlosen Strom der Kräfte bewegt, bald fixiert sie ihn in gedanklichen und bildlichen Standbildern, bald reden die Dinge in ihr, bald redet sie über die Dinge. Als Übersetzung ist sie nie vollendet, ihr Idiom ist in wechselndem Anteil aus beiden Sprachen zusammengesetzt. Und dass sich in ihr die Sprache der Menschen und jene der Dinge unauflösbar verwirren, stellt ihre Besonderheit dar.

VERMITTELTE UNMITTELBARKEIT

Benjamins Text über die Sprache hat sich zwar, wenn man so will, an Gott besoffen und kann nur mit viel Geduld wieder ernüchtert werden. Dann jedoch trägt er auf überraschende Weise dazu bei, die gegenwärtige Sackgasse einer Theorie dokumentarischer Formen zu verlassen. Denn diese ist seit jeher von der Frage besessen, inwieweit das dokumentarische Bild mit seinem Gegenstand übereinstimmt, der Frage, ob es die Wirklichkeit richtig abbildet und dementsprechend die Wahrheit berichtet.

Insofern ist die Theorie der dokumentarischen Form vor allem eine Theorie der Repräsentation. Sie geht davon aus, dass das dokumentarische Bild ein Zeichen ist, das entweder durch Konvention oder durch innere bzw. äußere Übereinstimmung mit seinem Gegenstand übereinstimmt. Demnach bildet die dokumentarische Form eine Art Messlatte, die eine äußerliche Wirklichkeit korrekt ausmisst, wobei keine Einigkeit über den zugrunde zu legenden Maßstab herrscht. Das Begehren nach der Identität von Bild und Gegenstand ist auf diese fundamentale Uneinigkeit gegründet. Und so pendelt die Debatte zwischen Gewissheit und ihrer Erschütterung. Sie bewegt sich im Teufelskreis binärer Kategorien von Identität oder Differenz und konstatiert abwechselnd das eine oder das andere.

PRÄSENZ ODER REPRÄSENTATION?

Über diesen *circulus vitiosus* geht Benjamins Ansatz weit hinaus. Denn Benjamin zufolge werden die Dinge in der Sprache nicht repräsentiert, sondern sie präsentieren sich. Sie aktualisieren sich in der Gegenwart. Laut Benjamin sind die Dinge nicht einfach unbelebte Gegenstände, mit inerter Materie angefüllte Hülsen oder passive Objekte, die dem dokumentarischen Blick zur Verfügung stehen. Sondern sie bestehen aus Kräfteverhältnissen, aus verborgenen Mächten, die miteinander in Austausch oder in Konflikt stehen. Diese Auffassung grenzt einerseits an magisches Denken, dem zufolge die Dinge mit übersinnlichen Kräften ausgestattet sind. Auf der anderen Seite ist diese Vorstellung eine klassisch materialistische. Denn auch die Ware wurde von Marx nicht etwa als bloßer Gegenstand, sondern als Verdichtung eines Verhältnisses zwischen Menschen begriffen. In der Ware drückt sich menschliche Arbeitskraft ebenso aus wie soziale Verhältnisse. Auf diese Weise lassen sich Gegenstände jeglicher Art als Kondensationen verschiedener Begehren, Intensitäten, Wünsche und Machtverhältnisse interpretieren. Und Benjamin zufolge ist die Sprache der Dinge nichts anderes als der Ausdruck dieses Kräfteaustauschs. In seinem Modell einer durch wort- und lautlose Kräfte bewegten Sprache tauschen die Dinge Kräfteverhältnisse, Potenzen und Spannungen mit anderen Dingen aus. Sie werden nicht als statische Objekte begriffen, sondern als dynamische Bündel, die noch nicht verwirklichte Möglichkeiten in sich tragen und aus denen heraus sich neue Verhältnisse und Konstellationen entwickeln können. Auf der Ebene dieser schöpferischen Potenziale kommunizieren die Dinge miteinander, meint Benjamin, und nur wenn sie auf dieser Ebene erfasst werden, nimmt man an ihrer Sprache teil. Eine Sprache, die derart mit der Energie der Dinge aufgeladen ist, kann schließlich auch über ihre Beschreibung hinausgehen und kreativ werden. Sie ist imstande, die bestehenden Verhältnisse zu verändern, sie aktualisiert die Gegenwart.[204] Und das dokumentarische Bild partizipiert insoweit an dieser Sprache der Dinge, als es ihm gelingt, diese auf Veränderung drängenden Kräfte in sich aufzunehmen und weiterzugeben.

Für gewöhnlich werden die Dinge jedoch weder auf diese Weise verstanden noch dokumentarisch wiedergegeben, sondern als bloße statische Objekte, denen ihr Sinn erst von einem Subjekt verliehen wird und die in der Sprache durch Zeichen vertreten werden. Auf dieser Ebene der Repräsentation geht es nicht darum, am Austausch der Dinge teilzunehmen, sondern sie innerhalb des Bereiches der Sprache der Menschen und ihres Wissens darzustellen. Auch auf dieser Ebene haben wir es mit Kräften und Mächten zu tun, die allerdings anders beschaffen sind. Denn auch die Sprache der Menschen ist bekanntlich von Machtverhältnissen durchdrungen. Im Wissen, das in ihr entsteht, klingen ebenfalls magische Motive nach – aber diese Magie zielt auf die Beherrschung der Dinge ab. Wie dieses Wissen nicht nur mit Magie, sondern auch mit Macht verknüpft ist, haben uns auf ganz unterschiedliche Weisen Michel Foucault[205] und Theodor W. Adorno und Max Horkheimer[206] gezeigt. Und es sind diese Kräfteverhältnisse, die in den letzten Jahren unter dem Motto einer Politik der Repräsentation verstärkt in den Blickwinkel von Theoretikern des Dokumentarischen gerieten.[207] Insofern sind uns die Implikationen dieser Theorie wohl vertraut – die Komplizität dokumentarischer Bilder mit Machtverhältnissen und epistemischen Hierarchien. Vom Blickwinkel dieser Sprache des Wissens aus bringt die dokumentarische Bildsprache weniger die Macht *zu* etwas als vielmehr die Macht *über* etwas zum Ausdruck. Wenn die Sprache der Dinge eine produktive Sprache ist, ist die Sprache der Menschen deskriptiv. Indem sie die Dinge identifiziert, weist sie ihnen auch ihren

Platz zu. Insofern schafft sie Hierarchien und Ordnungen. Sie erzeugt ein Wissen, das immer auch Macht/Wissen ist. Das Dokument als juristisches, als wissenschaftliches oder historisches Konzept gehört unzweifelhaft dieser Sprachform an.[208] Es verfügt über die Dinge, indem es sie anordnet und Kriterien für ihre Wahrhaftigkeit entwickelt; es ist Ausdruck einer Politik der Wahrheit.

Das traditionelle Problem der dokumentarischen Debatte ist innerhalb dieser Logik der Repräsentation angesiedelt. Auf dieser Ebene kann, wie wir schon sahen, jedoch nicht endgültig über die Wahrhaftigkeit des Dokuments entschieden werden; seine Beziehung zu den Dingen bleibt letztlich ungeklärt. Benjamins theologisch-materialistische Auffassung der Dingwelt, die diese als Zusammenballung materieller, sozialer und sogar spiritueller Kräfte versteht, verschiebt diese Fragen jedoch in eine neue Dimension; sie verlässt die Ebene der Repräsentationstheorie. Ihr zufolge lassen sich die Dinge nicht in der Sprache vertreten, sondern partizipieren an ihr, indem sie ihre Kräfte auf sie übertragen und damit organisieren. Die Dinge werden in der Sprache nicht vertreten, sie drücken sich in ihr aus. Das Wort und der Name, so Benjamin, repräsentieren nichts, sondern bewegen die Materie wie durch Magie.[209] Für das Bild gilt, da es dem Gegenstand noch verwandter als der Name ist, Ähnliches. Das Bild nimmt nicht dadurch an seinem Gegenstand teil, dass es ihn visuell detailgetreu darstellt, sondern dadurch, dass es ihn »präsentiert« – im Sinne der Aktualisierung seiner Kräfte in der Gegenwart. Die dokumentarische Form wird so zur fast schon physischen Mittlerin eines »Chocks«, durch den laut Benjamin ein Bild imstande ist, Präsenz herzustellen. In seinem Konzept des »dialektischen Bildes« betont Benjamin den abrupten Charakter, mit dem ein solches Bild die Spannungen eines historischen Moments plötzlich stillstellt und als Monade kristallisiert. Durch diese schockartige Kontraktion werden die Kräfte des Gegenstands gleichzeitig stillgestellt und übertragen. Anstatt einer Repräsentation des Gegenstands bewirkt das dialektische Bild dessen plötzliche Vergegenwärtigung. Es ist, als würden die dem Gegenstand inhärenten Kräfte in einem einzigen Moment freigesetzt, um diesen in »Jetztzeit«, also in lebendige Gegenwart zu verwandeln. Der blinde Ablauf der Zeit wird durch einen anderen Rhythmus unterbrochen. Statt Repräsentation vermittelt das dokumentarische Bild als dialektisches eine Präsenz, das kurze Aufleuchten einer Gegenwart, die aus jedem Gegenstand herausgesprengt werden kann. Und daher enthält auch die dokumentarische Form das Potenzial, die Dinge nicht nur darzustellen, sondern sie auch zu verändern.

POTESTAS UND POTENTIA

Daraus ergibt sich, dass die dokumentarische Bildsprache zwei verschiedene Weisen kennt, Kräfte und Mächte zu organisieren. Einerseits funktioniert sie als Repräsentation, die von menschlichen Konventionen und Regeln bestimmt wird und daher auch in Herrschaftsverhältnisse eingespannt ist. Das daraus hervorgehende dokumentarische Bild ist von menschlichen Interessen durchdrungen und betreibt eine Politik, die sich auf Wahrheit beruft. In dieser Perspektive wird das dokumentarische Bild zum Werkzeug der Macht. Michel Foucault hat diese Konstellation als Politik der Wahrheit beschreiben, als »Mechanismen, die eine Unterscheidung von wahren und falschen Aussagen ermöglichen und den Modus festlegen, in dem die einen oder die anderen sanktioniert werden«[210]. Die dokumentarische Bildsprache ist durch ihren Wahrheitsanspruch prädestiniert dafür, als Herrschaftsinstrument zu funktionieren. Das Dokument als solches wird seit jeher durch administrative, historische und forensische Verfahren produziert, die eng mit Techniken der Macht, der Verwaltung und Überwachung verknüpft sind. Wann immer es darum ging, eine Geschichte der historischen Sieger zu schreiben, haben historische Dokumente, ihre einseitige Perspektive und selektive Auswertung eine große

Rolle gespielt. Das Dokument und seine Produktionsweisen wurden so zu wichtigen Hilfsmitteln, um Wahrheitsbegriffe zu prägen und zu kontrollieren; sie wurden zu Mitteln einer Politik der Wahrheit.

Die dokumentarische Form kennt jedoch auch andere Methoden, um Kräfte und Mächte zu organisieren. Sie kann sich auch in die Sprache der Dinge einschalten, anstatt sie in Machtverhältnisse einzupassen, und die Kräfte, die zwischen ihnen herrschen, bündeln. Im ersten Fall folgt das dokumentarische Bild der Logik der *potestas*, einer autoritären Macht, die unterwirft und herrscht; im zweiten der Logik der *potentia*, die auf das schöpferische Potenzial einer Situation verweist. Im Zeichen der *potestas* trägt es die Spuren der Herrschaft, im Zeichen der *potentia* wird es zum Werkzeug kreativer Macht. Im ersten Fall folgt es einer Logik der Repräsentation, in der Zeichen bewusst zu einer Sprache organisiert werden, die erkennt, beschreibt, gliedert und ordnet. Im zweiten Fall beschreibt es nichts, sondern wird selbst produktiv, erschafft und übermittelt neue Kräfteverhältnisse, Affekte und Energien. So wie laut Benjamin die Sprache insgesamt ursprünglich produktiv war, da durch sie die Welt erschaffen wurde, so geht es bei der dokumentarischen Form als Potenz auch weniger darum, die Welt abzubilden, wie sie ist, als vielmehr darum, zu erkennen, wie sie sein könnte, und dies zu realisieren.

Beide Pole sind jedoch nicht radikal voneinander geschieden, sondern gehen ineinander über, und es ist nicht immer leicht, zu sagen, wo der eine Bereich anfängt und der andere aufhört. Wie das dialektische Bild schwankt auch die dokumentarische Bildsprache zwischen der verbalen Sprache und der Dingsprache, zwischen Vermittlung und scheinbarer Unvermitteltheit, zwischen Bericht und Kommentar, zwischen Bewegtheit und Fixierung, zwischen Dauer und Permanenz, zwischen Belebtheit und ihrer Suspendierung. Dokumentarische Formen sind daher meist beides: deskriptiv und produktiv, vermittelt und unmittelbar, sie partizipieren an der Sprache der Dinge ebenso wie an den Ordnungen, in die die Menschen sie bringen. Ihre Konventionalität verankert sie in der Welt der *potestas*, der autoritären Macht, die die Verhältnisse der Bilder zu den Dingen regelt und die durch Bilder regiert. Ihre Produktivität verankert sie hingegen in der Welt der *potentia*, der kreativen und schöpferischen Macht, die imstande ist, eine Welt nach einem Bilde zu erschaffen.

BESCHWÖRUNG

Es wäre jedoch völlig verfehlt, daraus den Schluss abzuleiten, dass diese Welt der schöpferischen Macht unbedingt erstrebenswert ist. Im Gegenteil muss sie immer wieder in Schach gehalten werden, um nicht purer Ideologie zu verfallen und um die Macht des Mythos in Grenzen zu halten. Sagte nicht kürzlich ein US-amerikanischer Präsidentenberater, dass die Medien eine altmodische Auffassung der Realität vertreten, da Realität das sei, was von den Vereinigten Staaten gemacht werde? Die schöpferische Kraft, die Realität erzeugt, ist keineswegs unschuldig. Die Sprache der Dinge weist auch okkulte Züge auf. Sie ist die Sprache der präpotenten Macht, des Warenfetischs und des Götzenbildes ebenso wie die Sprache einer Dingwelt, die schon längst zum neuen religiösen Symbol des Kapitalismus geworden ist. Die Sprache der Dinge ist in einem ganz anderen, affektiven Sinne zum Mittel einer neuen Form von Regierung geworden; einer Regierung ohne Herrscher, die weniger über Erlasse und Gesetze herrscht, als über die Verbreitung von Unsicherheit und Angst.

Auch dokumentarische Formen tragen derzeit dazu bei, Gefühle der Furcht und einer allgegenwärtigen Bedrohung zu intensivieren und auf diese Weise nicht nur panische Subjektivitäten, sondern auch feindselige und misstrauische imaginäre Kollektive zu realisieren, die gegeneinander in Stellung gebracht werden. Sie spielen somit nicht nur historisch, sondern auch gegenwärtig eine wichtige Rolle in Prozessen der Ethnisierung und Kulturalisierung. Sie bilden keine kulturellen oder ethnischen »Identitäten« ab, sind aber sehr wohl imstande, sie im sozialen Feld hervorzubringen. Die Verunsicherung, die durch die derzeitigen globalen Umbrüche hervorgerufen wird, wird durch (quasi-)dokumentarische Bilder in simplifizierenden Feindbildern kanalisiert. Das Unheimliche an diesen Bildern ist vor allem, dass sie zwar zunächst keine Realität abbilden, aber dazu tendieren, sich innerhalb der politischen Dynamiken, die sie selbst auslösen, Schritt für Schritt zu realisieren. Besonders gilt dies für stereotype Behauptungen über sogenannte Kulturen, die gefährliche soziale Dynamiken in Gang setzen können, Behauptungen, die die eigenen Vorurteile Schritt für Schritt realer werden lassen. Und diese dokumentarischen Behauptungen sind umso wirksamer, je unmittelbarer und affektiver sie ihr Publikum adressieren und je mehr sie auf die langwierigen und mehr oder weniger rationalen Argumentationen, die die Sprache der Menschen erfordert, verzichten. Sie arbeiten mit eben jenen nahezu physischen Schockeffekten, die auch Benjamin als Bedingung für die Vergegenwärtigung der Dinge beschrieb. Aber während das dialektische Bild diese Kräfte gleichzeitig übertrug und *stillstellte*, gibt es in seinem okkulten Gegenstück kein Moment der Distanzierung und Reflexion mehr. Benjamin hat einen solchen Gebrauch der Sprache der Dinge offensichtlich vorhergesehen, als er die Beschwörung als den negativen Konterpart der Kreativität der Sprache bezeichnete.[211] Denn auch die Beschwörung ist imstande, eine Welt aus dem Nichts zu erschaffen. Sie leitet die Kräfte der Fetische und Objekte besinnungslos weiter, ohne sie energisch zu unterbrechen und zu reflektieren. Und sie beschwört Geister herauf, die nachher nur schwer, wenn überhaupt, wieder loszuwerden sind.[212]

Die seriellen Schockeffekte, mit denen dokumentarische Formen versuchen, eine Welt nach ihrem Bilde zu realisieren, unterbrechen den Status quo nicht, sondern sie garantieren ihn sogar. Sie geben sich einem dokumentarischen Willen zur Macht hin, der nicht nur materielle Energien, sondern auch die

Lebenszeit der Menschen kanalisiert und dienstbar macht. Das affektive und asignifikante Potenzial der Dinge ist also nicht nur eines zum Guten, und nur aufgrund des Umstands, dass etwas werden könnte, ist noch nicht gesagt, ob das auch wünschenswert ist. Umgekehrt ist der konventionelle, repräsentative Aspekt dokumentarischer Formen auch nicht nur negativ zu sehen. Denn dadurch, dass die dokumentarische Form wie die Sprache der Menschen Regeln kennt, schafft sie auch Transparenz. Die Konvention, der sie folgt, mag zwar willkürlich sein, sie kann aber auch die Grundlagen für eine Kontextualisierung ihrer Inhalte bieten. Erst durch diese Kontextualisierung werden dokumentarische Berichte nachvollziehbar, nachprüfbar und öffnen sich somit der gesellschaftlichen Auseinandersetzung. Fazit: Die durch Konventionen festgelegte Sprache der Menschen kann nicht nur interessengeleitete Wahrheitspolitik betreiben – sie kann auch einen transparenten Bereich der Öffentlichkeit schaffen, in dem ein Raum gemeinsamen Handelns entstehen kann.

Welche Formen der Öffentlichkeit sind aber für Gemeinschaften denkbar, die keinen organisierten politischen Rahmen kennen und deren Habitus zwischen postindustriellen Stammesstrukturen und stadtneurotischem Flaneurgehabe oszilliert? Wie könnten jene neuen Formen von Gemeinschaft aussehen, die den Rahmen des Nationalstaats überschreiten? Wie sind sie artikuliert, und welche Arten von dokumentarischen Bestandsaufnahmen solcher Gemeinschaften gibt es, die nicht nur auf der Ebene des Inhalts, sondern auch auf der Ebene der formalen Komposition jene Verwerfungen berücksichtigen, die durch soziale Umbrüche, Migrationsprozesse und die schroffen Klassengefälle der neuen Weltordnung entstanden sind?

Und welche Arten der Öffentlichkeit sind denkbar, wenn es um die Reflexion der radikalen Umstrukturierung von Arbeitsverhältnissen geht, die sich auch in die dokumentarischen Formen selbst eingeschrieben hat? Umstrukturierungen, die nicht zuletzt auch den gesamten Bereich dokumentarischer Produktion selbst komplett verändert und ihn stärker in eine globale Sphäre der symbolischen Produktion integriert haben.

AUFBLITZENDE GEGENWART

All diese Veränderungen machen eine neue Theorie dokumentarischer Formen notwendig. Denn sowohl die Verbindung von Menschen und Maschinen als auch die Beziehung von Bild und Welt haben sich radikal geändert. Es sind nicht mehr nur die Menschen, die Bilder machen, sondern die Bilder machen auch zunehmend die Menschen. Sie kommunizieren untereinander und tauschen ihre Energien aus.

Benjamins Konzept einer Sprache der Dinge versucht, einer solchen Kräftekonstellation nicht auszuweichen, sondern im Gegenteil ihr Potenzial zu entwickeln. Die Hoffnung, die Benjamin mit diesem Konzept verband, war, dass es einst gelingen möge, ihre Kraft der Veränderung in den Dienst der Revolution zu stellen. Den Moment der Aktualisierung der gesellschaftlichen Spannung in einem dialektischen Bild sah er als Chance im Kampf für die unterdrückte Vergangenheit. Diese neue Sprache sollte weder Mittel noch Objekte, noch auch einen Adressaten der Kommunikation kennen und eine Sprache ohne Sprecher sein.[213] Die Übersetzung dieser Sprache in eine menschliche sollte, so hoffte Benjamin, die in ihr gespeicherten Kräfte im Dienste einer Veränderung zum Besseren mobilisieren. Nach einem Jahrhundert dokumentarischer Sprachen ist diese Hoffnung nicht mehr unbeschädigt. Denn zu oft wurden diese Kräfte nicht in den Dienst der Emanzipation, sondern der Hetze und der Lüge gestellt. Und obgleich dokumentarischen Formen wie keinen anderen die Aufgabe zufällt, die Gegenwart ins Bild zu setzen, ist diese Gegenwart heute keineswegs mehr einfach gegeben. Denn Macht artikuliert sich heute vor allem durch die Beherrschung der Zeit, durch die Fragmentierung der individuellen Lebenszeit ebenso wie durch die Synchronisierung der Rhythmen der Menge. Die Gegenwart so zu montieren, dass sie auch anders denkbar wäre, die Zeit aus ihrer Taktung zu lösen, das wäre heute die Aufgabe einer dokumentarischen Sprache der Dinge. Der Gegenstand des dokumentarischen Bildes ist daher weder sein Objekt noch die Realität als solche, sondern die Gegenwart, die es an ihnen aufblitzen lassen kann.

Öffentlichkeit ohne Öffentlichkeit

Dokumentarische Formen und Globalisierung

In Jonathan Swifts Roman *Gulliver* beratschlagt eine Akademie darüber, die menschliche Sprache zugunsten einer Dingsprache aufzugeben, die aus den Dingen selbst bestehen soll. Will jemand sich über etwas unterhalten, so muss er den Gegenstand selbst vorzeigen. Der Swift'schen Akademie zufolge hat diese Sprache große Vorteile, da sie allgemein verständlich ist und daher nützlich für den Handel und die allgemeine Verständigung. Wir können ohne Übertreibung sagen, dass es dokumentarischen Bildsprachen im letzten Jahrhundert gelungen ist, die Rolle dieser Dingsprache anzunehmen. Von Nationalsprachen und Kulturen ist ein Verständnis dieser Bildsprache weitgehend unabhängig. Insofern ist der Radius ihrer Verständlichkeit größer als der jeder einzelnen Sprache.

Wie es schon in den 1920er Jahren euphorisch im Vorwort des Filmes »Der Mann mit der Kamera« von Dziga Vertov hieß, können dokumentarische Formen sichtbare Fakten in einer wahrhaft internationalen, absoluten Sprache formulieren, die eine »optische Verbindung« zwischen den Werktätigen der ganzen Welt herstellen soll.[214] Vertov träumt von einer kommunistischen Bildsprache, die nicht nur zur weltweiten Verständigung, sondern auch zur Organisierung ihrer Adressaten beiträgt. Diese Sprache geht über die bloße Übermittlung von Informationen hinaus, sie soll ihre Teilnehmer an einen universalen Kreislauf von Energien anschließen, der ihr gesamtes Nervensystem durchfließt. Es ist, als wollte Vertov sie direkt mit der Sprache der Dinge selbst verkabeln, mit einer pulsierenden Symphonie der Materie, die unaufhaltsam ihrer geschichtlichen Vollendung zustrebt.[215] Ziel dieser dokumentarischen Sprache ist es, die Kräfte der Dinge aus der Versteinerung des Warenfetischismus zu befreien und ihre revolutionäre Kraft zu entfesseln.

Vertovs sozialistischer Traum ist heute realisiert und zugleich auf den Kopf gestellt worden. Denn ein international verständlicher Doku-Jargon »sichtbarer Fakten« verbindet weltweit Menschen durch globale Mediennetzwerke.[216] Die standardisierte Sprache von Nachrichtensendungen mit ihrer Aufmerksamkeitsökonomie, die auf Katastrophenangst und Hysterie basiert, ist so flüssig und affektiv, so unmittelbar und innervierend, wie Vertov sich das nur erträumen konnte. Sie schafft globale Öffentlichkeiten, deren Teilnehmer nahezu physisch an sie angeschlossen sind und im Takt weltweiter Angst und Neugier mitfiebern.[217] Insofern ist die dokumentarische Form heute potenter denn je. Wie mit einem Vergrößerungsglas wählt sie aus den unzähligen Ereignissen der Welt jene aus, die von Bedeutung sein sollen, und verstärkt sie. Die »optische Verbindung«, auf die Dziga Vertov hoffte, ist heute durch weltweite Bildkanäle realisiert. Und daraus können wir schließen, dass die dokumentarische Übersetzung aus der Sprache der Dinge in die der Menschen nie lebhafter betrieben wurde und niemals mehr Einfluss hatte als jetzt.

Aber während Vertov die sozialen Kräfte freisetzen wollte, die in den Dingen durch die okkulte Macht kapitalistischer Verhältnisse eingefroren waren, haben die gegenwärtigen Doku-Jargons im Gegenteil die okkulten Potenziale entfesselt, die dem dokumentarischen Bild innewohnen. Sie schließen das Register der Angst und des Aberglaubens mit dem Bereich der Information kurz. Zwischen der dokumentarischen Information und einem Stereotyp liegt nur eine Haaresbreite, zwischen einer Orientierungshilfe in einer komplizierten Welt und Pauschalurteilen über ganze Bevölkerungen und Regionen nur ein Lidschlag. Information und Desinformation, Rationalismus und Hysterie, Nüchternheit und Übertreibung sind in diesen Netzwerken nicht klar voneinander getrennt. Die Grenze zwischen Beschreibung und Erfindung verschwimmt, und Fakt und Fiktion vermengen sich zu »factions«. Die Doku-Jargons der Gegenwart »innervieren« ihr Publikum durch eine Dauerberieselung mit intensiven Affekten, durch einen inkohärenten Mix aus Tragik und Groteske, der die alte Schaulust der Jahrmärkte ins digitale Zeitalter katapultiert. Mit immer gröberen, immer direkter wirkenden Bildern – auf denen allerdings immer weniger zu sehen ist – wird ein permanenter Krisenzustand evoziert. Diese Bilder stellen die Norm her, indem sie über das Außergewöhnliche, ja das Unvorstellbare schlechthin berichten; sie machen die Ausnahme zur Regel.

Aber die dokumentarischen Sprachen der Gegenwart übernehmen auch eine andere Funktion. In einem Zeitalter der Globalisierung, in dem traditionelle Formen der Sozialisierung zerbrechen und nationale Sprachen zu lokalen Idiomen herabgestuft werden, bieten sie Orientierung in einer sich erweiternden Welt. Was von der einen Seite ein simplifizierendes Stereotyp ist, ist von der anderen ein Vertrauen erweckender Gemeinplatz. Und dieser bildet eine Grundlage der Verständigung, selbst wenn diese Verständigung einseitig bleibt. Diese grenzüberschreitende Sprache legt demnach auch den Grundstein für eine transnationale, nicht mehr an Herkunft gebundene Öffentlichkeit und birgt somit utopisches Potenzial. Doch die real existierenden dokumentarischen Öffentlichkeiten unterliegen starken Beschränkungen. Denn, wie Paolo Virno feststellt, zeichnen sich Öffentlichkeiten, die derart warenförmig organisiert sind, eben dadurch aus, dass sie im strengen Sinne des Wortes gar nicht öffentlich sind.[218] Diese Öffentlichkeiten bleiben einseitig, sie liefern Antworten auf Fragen, die nicht gestellt wurden, sie sprechen zwar durch die industrielle Gleichschaltung der Formen eine internationale Sprache, erlauben es jedoch nur den wenigsten, an diesem Gespräch teilzunehmen. Die Öffentlichkeit ohne Öffentlichkeit isoliert ebenso, wie sie verbindet, sie verortet zwar in der Welt, aber indem sie die Angst vor der Heimatlosigkeit anfacht; sie kommuniziert, indem sie simplifiziert, sie ist affektiv, aber vor allem insoweit sie Instinkte und ein Gefühl allgemeiner Bedrohung bedient.

Die Öffentlichkeit ohne Öffentlichkeit, so Virno, kann furchterregend sein. Sie schließt uns zwar in Echtzeit mit allen möglichen Dingen dieser Welt kurz, gibt aber die Form und das Tempo dieser Verbindungen vor. Sie beruht auf Unmittelbarkeitseffekten, dem Schauer der Schaulust oder der Selbstgefälligkeit des Bescheidwissens. Die Sprachen der Nachrichtenkanäle transportieren den Konformismus der Dinge, nicht ihr revolutionäres Potenzial. Je außergewöhnlicher, katastrophaler und exzentrischer die Dinge sich in ihr gerieren, desto mehr kann alles andere beim Alten bleiben.

PRIVATE ÖFFENTLICHKEITEN

Die Formel der allgemeinen Veränderung dokumentarischer Formen unter den Bedingungen der Globalisierung lässt sich auf den Begriff der Privatisierung bringen: In ökonomischer Hinsicht gerieten dokumentarische Formen unter den Druck der Privatisierung nationaler Öffentlichkeiten, in inhaltlicher Hinsicht hingegen unter den Druck einer Nachfrage nach dem Privaten, Intimen, Nicht-Öffentlichen, Voyeuristisch-Spektakulären. Die Konsequenz aus dieser doppelten Privatisierung ist die Entstehung einer sozusagen privaten Öffentlichkeit – bildhaft verdichtet in voyeuristischen Doku-Soaps, die auf Privatsendern laufen. Eine private Öffentlichkeit ist – jedenfalls wenn man der klassischen Definition von Öffentlichkeit folgt – eigentlich ein Widerspruch in sich selbst. Aber die neuen Formen der Öffentlichkeit sind durch eben jenen Widerspruch gekennzeichnet. Privatheit und Öffentlichkeit bilden keine sich gegenseitig ausschließenden Extreme mehr, sondern koexistieren miteinander. Die Privatisierung der Öffentlichkeit durch große Medienunternehmen auf ökonomischer Ebene spiegelt sich in der Öffentlichmachung des Privaten auf inhaltlicher Ebene.

Diese generelle Privatisierung prägt die dokumentarischen Formen der Gegenwart jedoch noch auf ganz andere Weise.

Denn nachdem die digitale Technik zum Konsumgut wurde – und somit ebenfalls privatisierbar – hat sich Dziga Vertovs alter Traum einer Proletarisierung der Produktionsmittel endlich erfüllt. Die Produktionsmittel für dokumentarische Bilder sind einer großen Anzahl von Privatpersonen zugänglich, und nicht mehr länger unter der Kontrolle staatlicher Medienmonopole. Nicht nur die Arbeitsverhältnisse, sondern auch die Kontrolle über die Produktionsmittel wurde extrem dereguliert. Das Stichwort dafür lautet: Camcorder-Revolution. Es bezeichnet gleichermaßen den Durchbruch der massenhaften Verbreitung von audiovisuellen Produktionsmitteln wie auch die politischen Umbrüche – etwa die rumänische Revolution 1989 –, die durch die neuen Technologien befördert wurden. Diese optisch-politischen Veränderungen gingen einher mit einer generellen Umstrukturierung der Arbeitswelt, mit dem Niedergang industrieller Arbeit in den Zentren und der Entstehung neuer Arten von Arbeitern und Arbeiterinnen. Sogar der ehemals hochelitäre und mit strengen Zugangsbeschränkungen versehene Bereich der dokumentarischen Bildproduktion wurde weitgehend dereguliert und zu weiten Teilen proletarisiert. Seither verschwimmen die Grenzen zwischen körperlicher und geistiger Arbeit ebenso wie jene zwischen materieller und immaterieller Arbeit oder der Arbeit als solcher und der Freizeit. Und da Arbeit als solche immer mehr in der Privatsphäre stattfindet, betrifft dies natürlich auch die dokumentarische Bildproduktion, die zunehmend massenhaft unter immer ungesicherteren Bedingungen mit kleinen digitalen Kameras und Heimcomputern verrichtet wird. Dziga Vertovs Postulat der »optischen Verbindung« zwischen den Werktätigen realisiert sich in diesen Kommunikationskanälen auf ganz neue Weise. Die private Öffentlichkeit der Mainstream-Medien spiegelt sich auch in den vielfältigen kleinen Formen der Öffentlichkeit, die oftmals in der »Privatsphäre« entstehen und neue Arten der Vernetzung entwerfen. »Privatheit« erfüllt in diesen Netzwerken eine neue Funktion, die vielleicht einen Widerhall der alten feministischen Losung »Das Private ist politisch« darstellt. Die Sphäre der Affekte *reflexiv* zu politisieren, anstatt sie »links« liegen zu lassen, ist die paradoxe Aufgabe, mit der solche Produktionen konfrontiert sind.

DIE DOKUMENTARISCHE FORM ALS KRISE

All diese Veränderungen sind Bestandteil der Krise, in der sich die dokumentarische Form derzeit befindet. Diese Krise kennzeichnet sowohl die Rahmenbedingungen für die dokumentarische Produktion als auch ihre formale Entwicklung selbst. Sie bietet den Anstoß zu interessanten neuen Entwicklungen, führt aber auch zur Standardisierung dokumentarischer Stereotypen und zu weitgehend kommerzialisierten Öffentlichkeiten. Denn eben jene Prozesse der Globalisierung, die die Reichweite der dokumentarischen Form immens erweiterten, haben auch dazu beigetragen, die Grundlagen ihrer Produktion und die Kanäle ihrer Verbreitung drastisch zu verändern. Ebenso wie die Bedingungen ihrer Möglichkeit haben sich in den letzten Jahrzehnten auch ihre Möglichkeiten selbst radikal transformiert. Aber dokumentarische Ansätze, die diese Möglichkeiten erkunden, haben die traditionellen Bereiche der Öffentlichkeit weitgehend verlassen. Mit der schrittweisen, impliziten oder expliziten, Privatisierung nationaler Medien ist ihr sogenannter Kulturauftrag stark kommerzialisiert oder ganz aufgegeben worden. Während Mainstream-Dokumentationen in klassischen nationalen Öffentlichkeiten gouvernementale Aufgaben der Erziehung und Bildung wahrnahmen und oft im Staatsauftrag produziert wurden, haben sich die Anforderungen nunmehr verändert. Anstatt die disziplinären, leicht paternalistisch-belehrenden Leitbildfunktionen, die sie traditionell in den verschiedensten politischen Kontexten entfalteten, weiter auszuüben, hat sich ihre Funktion eher in den Bereich des Docutainment und der affektiven Wirkungen verschoben.

All dies bedeutet jedoch, dass jene dokumentarischen Arbeiten, die nicht nur ihre Form, sondern auch ihre eigene Funktion als möglichen Ort der Öffentlichkeit reflektieren, ihre Verankerung verloren haben und selbst in gewisser Weise heimatlos geworden sind. Dies gilt für gewisse Bereiche des klassischen Dokumentarfilms oder auch für experimentellere Arbeiten. Aus der Nische der Nationalkulturen, der Programmkinos und nächtlichen Sendeschienen haben sie sich in einen fluiden, ungewissen Raum verlagert, der weder national bestimmt ist noch klar bestimmbaren Marktlogiken folgt. Dieser Raum erstreckt sich von alternativen Gegenöffentlichkeiten bis ins Kunstfeld, von universitären Räumen über Youtube bis zu selbstorganisierten Projektionen, von glamourösen Filmfestivals bis zur informellen Distribution von Videotapes von Hand zu Hand. In gewisser Weise bildet er die weiche Unterseite einer noch nicht existierenden Art von transnationaler Öffentlichkeit, in der sich Dziga Vertovs Vision einer »optischen Verbindung« in anderer Weise verwirklichen könnte: diesmal als tatsächlich öffentliche Öffentlichkeit, in der nicht nur ein Austausch zwischen den Adressaten stattfinden kann, sondern auch ein Austausch zwischen den dokumentarischen Formen selbst.

Aber dokumentarische Formen, die sich als eine solche Art von transnationaler Öffentlichkeit, mithin als eine neue Form der Allgemeinheit verstehen, stehen vor dem Problem, dass diese Öffentlichkeit noch gar nicht existiert und im Grunde erst neu zu erfinden ist. Und diese Art von Öffentlichkeit hat, anders als die traditionell durch den Rahmen des Nationalstaats vorgegebene Gemeinschaft der Bürger, auch noch kein klar umrissenes Subjekt, auf das sie sich beziehen könnte. Obgleich außer Frage steht, dass immer mehr weitreichende politische und ökonomische Entscheidungen außerhalb des Rahmens der Nation getroffen werden, existiert bislang weder ein politischer Rahmen, in dem diese Entscheidungen kontrolliert, noch eine Öffentlichkeit, in der sie reflektiert werden könnten. Wir können daher jene dokumentarischen Artikulationen, die diese

Umbrüche in ihrer Form selbst aktiv widerspiegeln, nicht nur als eine Art Reaktion auf immer globalere Medienwelten verstehen, sondern auch als einen Versuch, das ihnen innewohnende Potenzial transnationaler Verständigung, das bislang nur selektiv und einseitig genutzt wird, zu aktualisieren.

OPTISCHE VERBINDUNG

Die avanciertesten dokumentarischen Formen artikulieren neue Formen von Öffentlichkeit vor allem auf der Ebene ihrer Form. Denn sie stellen nicht nur mögliche Foren dieser Öffentlichkeit dar – sondern sind selbst, in ihrer materiellen Anordnung, als Artikulationen zu verstehen, die neue Formen sozialer Komposition greifbar machen und vorwegnehmen. Gerade in neuen Produktionsformen an Heimcomputern, die sich zugleich mit unkonventionellen Vertriebsformen verbinden, zeichnet sich der Umriss einer neuen Art von Bildproduktion ab. Diese Bildproduktion basiert zu weiten Teilen auf digitaler Technik und verschmilzt mehr und mehr mit anderen Bereichen kognitiver, symbolischer und affektiver Arbeit. Insofern nähern sich ihre Produktionsbedingungen immer mehr der jener Arbeitsfelder an, die heute zunehmende Bedeutung erlangen – Bereiche, die durch kreative Beschäftigungen, Selbstunternehmertum und weitgehende Flexibilisierung gekennzeichnet sind. Dokumentarische Formen, in denen sich solche oftmals prekären, meist jedoch weitgehend deregulierten und flexiblen Produktionsverhältnisse abbilden, sind auch Ausdruck einer radikalen Veränderung der Produktion als solcher. Sie stellen das zu entwickelnde Negativ einer anderen Form von Öffentlichkeit dar, die diesen Produktionsweisen entspricht; einer Öffentlichkeit, die sich aus ihrer Verstrickung in lokale und nationale Ursprungsmythen gelöst hat und durch ähnliche, oftmals transnationale Arbeits- und Produktionsformen gekennzeichnet ist. Die Artikulation dieser noch disparaten Standpunkte und Gruppierungen, wird in den komplexen Montagen und Verschränkungen der experimentellen dokumentarischen Formen der Gegenwart vorweggenommen. Ihre Sprache wird vielleicht international, aber nie mehr absolut werden. Sie ist nicht im strikten Sinne des Wortes öffentlich – vielleicht ist sie sogar eher unterirdisch oder geheim. Ihr Negativ zu entwickeln bedeutet heute: Arbeit an der Realität.

Nachwort

Natürlich ist auch die Form dieses Buches Ausdruck seiner objektiven materiellen Bedingungen. Es entstand in einem Zeitraum von zwei Jahren zwischen London, Berlin, Stockholm und Sarajevo im Rahmen einer kleinteiligen Mischung von Stipendien, Lehraufträgen, Aufträgen für Texte oder Vorträge, die oft an Reisen oder Aufenthalte gebunden waren. Es ist deutlich zu sehen, wie die Bedingungen erzwungener Mobilität und selbstständiger Produktion sich auch in die essayistische Form der Texte einschreiben. Fast jeder Text setzt ganz von vorn an, der Anspruch auf Selbstständigkeit ist ihm anzusehen; er muss sowohl für sich alleine stehen als auch mit anderen Texten Verbindungen eingehen können; ganz so, als sei er ein gut angepasstes, ebenso autarkes wie vernetztes Subjekt. Der Essay als Form – von Adorno als Aufbegehren gegen das Diktat der Identität geschätzt[219] – läuft heute auch konform mit einem ebenso marktförmigen Zwang zu Differenzierung und flexibler, mobiler und modulartiger Produktionsweise. Der Zusammenbruch der Unterscheidung von Kunst und Wissenschaft, zwischen Kategorie und Gegenstand oder zwischen verschiedenen Sparten und Genres, den Adorno im Essay diagnostizierte, ist heute vielleicht nicht notwendig Symptom der Widerständigkeit, sondern spiegelt jenen Zusammenbruch der Arbeitsteilung wider, der mittlerweile charakteristisch für kreative oder selbstunternehmerische Tätigkeiten ist.

In diesem Kollaps der Unterscheidung zwischen Arbeit und Freizeit, zwischen Produktion und Reproduktion scheint es, als sei auf ironische Art die kommunistische Robinsoniade von Karl Marx verwirklicht, der zufolge der Mensch der Zukunft am Morgen fischt und am Abend Gedichte schreibt. So entstanden auch weite Teile dieses Buches in einem chaotischen Rhythmus, der früher vielleicht als immer wieder unterbrochene, disparate »Frauenzeit« gegolten haben mag, jetzt jedoch zunehmend über die Geschlechtergrenzen hinweggreift.[220] Diese Bedingungen sind jedoch ihrerseits nur Konsequenzen einer tiefgreifenden Restrukturierung der klassischen Institutionen akademischer und künstlerischer Tätigkeit, ihrer zunehmenden Kommerzialisierung sowie der Überschneidung ihrer Funktionen. Ein (Neben-)Effekt dieser Prozesse ist indessen auch die Entstehung temporärer und fluider Zonen des Experiments und innovativer Forschung, die – oft im Kunstfeld – teilweise die Rolle kollabierender Öffentlichkeiten übernehmen, teilweise auch als Versuchsanstalten der Kreativindustrien funktionieren. Diese ständig entstehenden und vergehenden Räume erzeugen strukturelle Mobilität, sie erzwingen ein ständiges Netzwerken und sind absolut abhängig von digitaler Kommunikation. Ihr ideales Subjekt ist möglichst nahtlos an neoliberale Anforderungen angepasst, es ist transnational (genauer: lumpenkosmopolitisch), ungebunden, radikal selbstständig und gleichzeitig immer wieder möglichst problemlos in neue Verkettungen und Netzwerke integrierbar. Während es nicht mehr die Ressourcen hat, um jene systematische Arbeit zu leisten, die vom klassisch akademischen Verständnis gefördert wird, ist es doch zugleich frei von den feudalen oder zunftartigen Abhängigkeitsverhältnissen der Akademie und ihrer systematischen Reproduktion der eigenen Macht- und Klassenverhältnisse. Da es gezwungen ist, in ständig neuen Kontexten zu kommunizieren, ist seine Sprache zugänglich, assoziativ und hält sich abseits lokaler Zitierkartelle oder bestimmter Jargons.

Diese Rahmenbedingungen haben jedoch tiefgreifende Konsequenzen für die Form der Produkte, die in ihnen entstehen. Die essayistische Form interveniert nicht mehr unbedingt, wie Adorno noch im Zeitalter der Fabrik diagnostizierte, in den gleichförmigen Zwang zur Identität und zum Konformismus. Vielmehr drückt sie jetzt auch den postindustriellen Zwang zur Differenz aus, zur widerwilligen Mobilität, zur extremen Flexibilisierung. Die damit korrespondierende Form ist klein und gebrochen, sie argumentiert monadisch und exemplarisch, sie zieht zusammen, was nicht zusammengehört. Die essayistische Arbeitsweise verhehlt nicht, dass sie ständig unterbrochen wird, sondern integriert diese Unterbrechungen in ihre Form selbst. Auch die für essayistische Formen charakteristische Art der konfrontativen Kompilation verschiedener Materialien, Quellen und Ausschnitte, die immer noch erstaunlich provozierend wirken kann, spiegelt möglicherweise die Funktionsform globaler Produktionsweisen, die auf ebenso geschmeidige wie einfallsreiche Weise geografisch fragmentierte und zerstreute Fragmente von Material und Arbeit verketten. Bei Adorno stellt der allgemeine Identitätszwang den Reflex des tayloristischen Fließbands dar, und der Essay der damaligen Zeit widersetzt sich dessen Einförmigkeit. Aber der Essay der Gegenwart ähnelt den Arbeitsweisen der neuen weltumspannenden Fließbänder, die immer neue Elemente »just in time« miteinander in Verbindung bringen und Produktion als Montage des Disparaten betreiben – als Herstellung von Subjektivität, die Affekte, Bilder und Wünsche in ökonomische Prozesse[221] verwickelt.

Die in Essays reflektierten Ökonomien sind jedoch nicht unbedingt die dominanten Bildwelten der Satellitenfeeds und Werbeunterbrechungen, der Live-Collagen und Lifestyle-Schnipsel, und erst recht nicht die protektionistische Wissensadministration nationalstaatlicher Bildungseliten. Der Essay kann auch die Funktionsweisen informeller, sogar illegaler Ökonomien widerspiegeln. Die Aneignung gefundener Materialien, die in Netzen vagabundieren oder in den undurchsichtigen Parallelwelten der p2p-Netzwerke, spielt sich im Kontext einer Populär-Piraterie ab, die die Eigentumskartelle der Bilder und des kanonisierten Wissens ignoriert. Aber auch diese Sphäre ist kein Raum utopischer Freiheit; der selbstorganisierte Tauschhandel von Bildern und Texten ist praktisch zu weiten Teilen eine Gratisbörse für Pornographie, Hasspropaganda oder Verschwörungstheorien aller Art. Der Freiraum, den diese Foren eröffnen, sowie der Zugang zu Information und Wissen, den sie ermöglichen, sind zugleich vergängliche Oberflächenreflexe auf einer radikal marktförmigen Datenunterwelt, die reichlich gewaltförmig ist und in der das politisch Unbewusste des »globalen Dorfes« als heilloser Schrott zirkuliert. Der Essay der Jetztzeit ist fast notwendig in all diese Verhältnisse involviert; und dieses Buch streitet die Verwicklung darin nicht ab.

So schließt sich also der Kreis: Genau wie das unscharfe Reportagebild von CNN (das zu Anfang dieses Buches beschrieben wurde) stellt auch die Form der hier versammelten Texte und ihre Anordnung ein verschobenes und verdichtetes Abbild ihrer eigenen Bedingungen dar. Daher ist dieses Buch auch zu tief in diese Bedingungen eingebettet, um die Behauptung von Objektivität, ganz zu schweigen vom Anspruch auf systematische Darstellung, aufrechterhalten zu können. Vor allem auf historischer Ebene bleiben weite Lücken – etwa wenn es um die genauere Bestimmung des Verhältnisses von dokumentarischen Formen und dem Kunstfeld geht oder auch um die Wechselwirkung zwischen Performance- und Konzeptkunst und dokumentarischen Formen (um nur einige wenige Beispiele zu nennen). Es gibt zudem etliche Arbeiten von KünstlerInnen wie Tirdad Zolghadr, Andrea Geyer, Jenny Holzer, Nedko Solakov, Amar Kanwar, Fikret Atay, Phil Collins, Angela Melitopoulos, der Otolith Group, Scripts und vielen anderen, über die ich gern geschrieben hätte. Ich hoffe, dass diese Arbeit eines Tages im Rahmen einer erweiterten Auflage realisiert werden kann.

DANKSAGUNGEN

Verschiedene Kapitel dieses Buches oder Versionen davon entstanden mit Förderung der Institutionen IASPIS, Nifca (Symposium »Slowly learning to survive the desire to simplify«), OCA (Konferenz »ISMS1«), Kunstverein Graz (Tagung »Film und Biopolitik«, Projekt »It is hard to touch the real«), eipcp, Kunstraum Lüneburg (»Die Regierung«), Institut für Kunst und Medien der Hochschule für Gestaltung und Kunst Zürich (IKM), Goldsmiths College (London), A Prior Magazine, (Gent). Wichtige Vorarbeiten wurden von springerin (Wien), BAK (Utrecht), Mumok (Wien), eipcp (Wien/Linz) sowie der Caixa Foundation in Barcelona in Auftrag gegeben. Als weitere wichtige Vorarbeit ist meine Dissertation an der Akademie der bildenden Künste in Wien zu nennen. Ich möchte auch folgenden Menschen danken, die dieses Projekt in verschiedenen Phasen unterstützt haben: Marta Kuzma, Georg Schöllhammer, Hedwig Saxenhuber, Maria Lind, Ute Meta Bauer, Roman Horak, Gerald Raunig, Marius Babias, Helmut Draxler, Scott Lash, Petra Bauer, Els Roelandt, Maria Hlavajova, Karin Gludovatz, Sören Grammel, Marta Gili, Tom Holert, Ruth Noack, Roger Buergel und vielen anderen. Für die Editierung dieses Buches danke ich Stefan Nowotny, für die Publikation Ingo Vavra. Für Boris und Esme Buden.

Anmerkungen

1 Vgl. auch John Fiske, »Videotech«, in: Nicholas Mirzoeff (Hg.), *The Visual Culture Reader*, London u. New York: Routledge 1998, S. 153–162.

2 Brian Winston, *Claiming the real*, London: British Film Institute 1995, S. 242–250.

3 André Bazin, *What is Cinema?*, Berkeley: University of California Press 1997, Band 1, S. 96.

4 Geschichtlich gesehen beginnt der Glaube an den Wahrheitsgehalt von Fotografien schon mit Erfindung dieser Technik. Fotos wurden als direktes Abbild der Realität angesehen. Die Natur selbst male sie, so ein früher Kommentator (vgl. Toby Miller, *Technologies of Truth. Cultural Citizenship and the Popular Media*, Minneapolis: University of Minnesota Press 1998, S. 6). Schon Daguerrotypien wurden als ungefilterte Darstellungen von Wahrheit verstanden (vgl. ebd.), und mit gewissen Einschränkungen galt dies unter Realisten auch für alle technischen Neuerungen von Medien, die auf dem fotografischen Prinzip basierten.

5 »Die ›Realität‹ ist nichts als ein Ausdruck der herrschenden Ideologie«, schreiben etwa apodiktisch Jean-Louis Comolli und Jean Narboni im Stil der in den 1970er Jahren vorherrschenden Ideologiekritik (Jean Comolli / Jean-Luc Narboni, »Cinema/Ideology/Criticism«, in: Bill Nichols [Hg.], *Movies and Methods*, Berkeley: University of California Press 1976, Band 1, S. 25 [Übers. v. d. Verf.]). Und Claire Johnston schließt sich im feministischen Sinne dieser Kritik des Realismus an: »Was die Kamera tatsächlich erfasst, ist die ›natürliche‹ Welt der dominanten Ideologie« (Claire Johnston, *Notes on Women's Cinema*, London: Society for Education in Film and Television 1975, S. 28). Vgl. auch Michael Renov, *Theorizing Documentary*, London u. New York: Routledge 1993; Trinh T. Minh-Ha, »Die verabsolutierende Suche nach Bedeutung«, in: Eva Hohenberger (Hg.), *Bilder des Wirklichen. Texte zur Theorie des Dokumentarfilms*, Berlin: Vorwerk 1998, S. 304–326.

6 Michel Foucault beschreibt Politik der Wahrheit als eine Anzahl von Regeln, die die Produktion von Wahrheit bestimmen: »Jede Gesellschaft hat ihre eigene Ordnung der Wahrheit, ihre ›allgemeine Politik‹ der Wahrheit: d. h. sie akzeptiert bestimmte Diskurse, die sie als wahre Diskurse funktionieren lässt; es gibt Mechanismen, die eine Unterscheidung von wahren und falschen Aussagen ermöglichen und den Modus festlegen, in dem die einen oder die anderen sanktioniert

werden; es gibt bevorzugte Techniken und Verfahren zur Wahrheitsfindung; es gibt einen Status für jene, die darüber zu befinden haben, was wahr ist und was nicht« (Michel Foucault, »Wahrheit und Macht. Interview von Alessandro Fontana u. Pasquale Pasquino«, in: Ders., *Dispositive der Macht. Über Sexualität, Wissen und Wahrheit*, Berlin: Merve 1978, S. 21–54, hier: S. 51).

6a Eine ausgezeichnete und sehr inspirierende Kritik von Foucaults Ansatz findet sich hier: Jörg Heiser, »Cicking the Cat«, in: Jong Holland, 4/21; hier zit. nach: www.jong-holland.nl/4-2005/heisereng.htm (abgerufen am 3.3.2008)

7 Vgl. auch Donna Haraway, die für ein situiertes Wissen plädiert: »Situated Knowledges: The Science Question in Feminism and the Privilege of Partial Perspective«, in: *Feminist Studies*, 14.3, 1988, S. 575–599.

8 Vgl. z. B. Elisabeth Cowie: »Das Problem, dass das aufgezeichnete Bild sowohl lügt als auch die Wahrheit sagt, ist ein Problem der Technologie und der Philosophie [...]. Dokumentarfilme scheinen also sowohl im Diskurs der Wissenschaft auf, als ein Mittel, das Erkennbare der Welt zu erlangen, als auch im Diskurs des Begehrens in Verbindung mit der Frage: Ist dies wirklich so? Ist es wahr?« (Elisabeth Cowie, »Identifizierung mit dem Realen – Spektakel der Realität«, in: Marie-Luise Angerer (Hg.), *Der andere Schauplatz. Psychoanalyse – Kultur – Medien*, Wien: Turia + Kant 2001, S. 151–180, hier: S. 156.)

9 Vgl. Jay G. Blumler, »The New Television Marketplace: Imperiatives, Implications, Issues«, in: James Curran / Michael Gurevitch (Hg.), *Mass Media and Society*, London/New York/Melbourne/Auckland: Edward Arnold 1996, S. 194–216, bes. S. 206.

10 Ebd., S. 208.

11 Vgl. die folgenden Ausführungen von Bill Nichols: »Das Dokumentarische ist verwandt mit jenen anderen nicht-fiktionalen Systemen, die zusammen das ausmachen, was wir als Diskurse der Nüchternheit bezeichnen könnten. Wissenschaft, Wirtschaft, Politik, auswärtige Angelegenheiten, Bildung, Religion, Wohlfahrt – diese Systeme gehen davon aus, dass sie instrumentelle Macht besitzen; sie können und sollen die Welt ändern, sie können Handlungen beeinflussen und haben Auswirkungen. [...] Diskurse der Nüchternheit sind ernüchternd, weil sie ihre Beziehung zur Realität als direkt, unmittelbar und transparent begreifen. Durch sie wird Macht ausgeübt. Durch sie geschehen die Dinge. Sie sind die Träger von Herrschaft und Bewusstsein, Macht und Wissen, Begehren und Willen« (Bill Nichols, *Representing Reality*, Bloomington u. Indianapolis: Indiana University Press 1991, S. 3 f. [Übers. v. d. Verf.]).

12 Vgl. Jay G. Blumler, »The New Television Marketplace«, a. a. O., bes. S. 208 ff.

13 Vgl. Scott Lash, *Critique of Information*, London: Sage 2002.

14 Brian Massumi, »Fear (The Spectrum Said)«, in: *Positions* 13.1, Frühjahr 2005, S. 31–48 (bzw. online unter http://multitudes.samizdat.net/Fear-The-spectrum-said.html [abgerufen am 10. Nov. 2007]).

15 Elisabeth Cowie beschreibt die dokumentarische Identifikation mit »Betroffenen« dementsprechend als ambivalente Empathie, mit der das fürsorgliche und mitfühlende Selbstbild der Zuschauer bedient wird. Dafür werden weniger Zeugen benötigt als Opfer. Diese Rolle schreibt vor, dass die Opfer »richtig hilflos« und »stimmlos« sein sollen und dass sie nicht in der Lage sein sollen, Argumente und Analysen vorzubringen, um nicht mit dem Zuschauer – und dem Film – als wissende Subjekte zu konkurrieren (vgl. Elisabeth Cowie, »Identifizierung mit dem Realen – Spektakel der Realität«, a. a. O., S. 169.)

16 Vgl. z. B. Klaus Arriens, *Wahrheit und Wirklichkeit im Film. Philosophie des Dokumentarfilms*, Würzburg: Königshausen & Neumann 1999, S. 19. Die Zeugenschaft als Prinzip taucht schon im Lukas-Evangelium auf, wenn der Apostel behauptet, dass sein Bericht wahr sei, da ihn diejenigen überliefert hätten, die »es von Anfang an selbst gesehen« haben.

17 Die so genannten Kognitivisten versuchen ein beschränktes Konzept von Objektivität oder »approximate truth« (vgl. Brian Winston, *Claiming the real*, a. a. O., S. 247) zu retten. Dieser Auffassung werden implizit liberal-pragmatische und teils auch kommunitaristische Auffassungen von »common sense« zugrunde gelegt (vgl. Carl R. Plantinga, *Rhetoric and Representation in Non-Fiction Film*, Cambridge: Cambridge University Press 1997, S. 212); so etwa in Noël Carrolls Artikel »Der nicht-fiktionale Film und ›postmoderner‹ Skeptizismus« (in: Eva Hohenberger [Hg.], *Bilder des Wirklichen. Texte zur Theorie des Dokumentarfilms*, a. a. O., S. 35–69). Es sei ein »vielverbreiteter Sport« geworden, schreibt Carroll, den Anspruch auf objektive Informationen über die Welt in Zweifel zu ziehen. Dabei würden immer wiederkehrende Argumente benutzt, so etwa die Selektivität des organisierten filmischen Materials, das heißt die Arbitrarität der Wahl von Ausschnitt, Einstellung, Dauer und Montagerhythmus, die Ansprüche auf Objektivität hinfällig werden lasse. Carroll versucht dieses Argument zu widerlegen, indem er darauf verweist, dass es Standards der Objektivität gebe, die diese Selektivität nicht nur relativierten, sondern sie als ganz normalen Rahmungsvorgang des Arguments erschienen ließen. Er meint, dass, solange bestimmte Objektivitätskriterien eingehalten werden, durchaus von einer objektiven Wiedergabe von Tatsachenrealitäten im dokumentarischen Medium gesprochen werden kann. Dass diese intersubjektiven Vertragskonstrukte jedoch auch als Machtverhältnisse gedeutet werden können, beschreibt Bill Nichols:

»Objektivität verdeckt in diesem Falle den besonderen Standpunkt [*point of view*] der institutionellen Autorität selbst. Man findet hier nicht nur die unvermeidliche Sorge um Legitimation und Selbsterhalt, sondern auch historische und themenabhängige Formen von Eigeninteresse, die häufig nicht eingestanden werden, sondern sich viel wirkungsvoller als Neigungen und Voraussetzungen verkleiden« (zit. nach Carroll 1998, S. 55) Demnach verweisen Objektivitätsstandards also weniger auf eine »gesunde Intersubjektivität« (Plantinga, *Rhetoric and Representation in Non-Fiction Film*, a. a. O., S. 219.) als auf gesellschaftliche Spezial-Interessen und Machtverhältnisse, die als Gemeinwohl ausgegeben werden. Raymond Williams hat die Herausbildung der Dichotomie zwischen Objektivität und Subjektivität im 19. Jahrhundert untersucht. Zu dieser Zeit wurde das Konzept der Objektivität mit dem der Faktizität verknüpft und somit auch mit positivistischen und realistischen Diskursen und Repräsentationsformen (vgl. Raymond Williams, *Keywords: A Vocabulary of Culture and Society*. London: Fontana 1976, S. 310 ff.).

18 Vgl. Michel Foucault, »Technologien der Wahrheit«, in: Jan Engelmann (Hg.), *Foucault – Botschaften der Macht. Reader Diskurs und Medien*, Stuttgart: DVA 1999, S. 133–144; sowie Toby Miller, *Technologies of Truth. Cultural Citizenship and the Popular Media*, Minneapolis: University of Minnesota Press 1998, S. 4.

19 Vgl. Michel Foucault, »Technologien der Wahrheit«, a. a. O., S. 134–137.

20 In voller Länge lautet die Frage: »Auf der anderen Seite der internationalen Abspaltung der Arbeit vom sozialisierten Kapital, innerhalb *und* außerhalb des Kreislaufs der epistemischen Gewalt des imperialistischen Rechts und der imperialistischen Erziehung, die einen früheren ökonomischen Text supplementieren – *können Subalterne sprechen?*« – Gayatri Chakravorty Spivak, *Can the Subaltern Speak? Postkolonialität und subalterne Artikulation*, Wien: Turia + Kant 2008, S. 47.

21 Vgl. ebd., S. 27 f.

22 Vgl. z. B.: »Es ist eine idealistische Mystifikation zu glauben, die Kamera könne ›Wahrheit‹ einfangen […]« (Claire Johnston, *Notes on Women's Cinema*, a. a. O., S. 28). Wie Rosi Braidotti in ihrem Buch *Nomadic Subjects* ausführt, erzeugt ein binäres Konzept von Geschlechtlichkeit auch eine binäre Weltsicht, in der Wissen einer normalisierten Subjektivität vorbehalten bleibt, die maskulin kodiert ist und mit Universalität, Rationalität, Abstraktionsfähigkeit, Bewusstsein und Unkörperlichkeit in Verbindung gebracht wird. Dieser Subjektposition gegenüber wird das Weibliche als Mangel konzipiert, als Nicht-Subjekt, als irrational, nicht zur Erkenntis fähig, unkontrolliert und mit dem Körperlichen identifiziert. Weitere Gegensatzpaare dieses ver-

geschlechtlichten Verhältnisses sind etwa: Objekt vs. Subjekt, aktiv vs. passiv, Herrscher vs. Unterdrückte etc. – Vgl. Rosi Braidotti, *Nomadic Subjects*, New York: Columbia University Press 1994, »Sexual Difference as a Nomadic Political Project«, S. 146–172; vgl. weiters Teresa De Lauretis, »The Technology of Gender«, in: Dies., *Technologies of Gender. Essays on Theory, Film, and Fiction*, Bloomington & Indianapolis: Indiana University Press 1987, S. 1–30, sowie Chandra Mohanty, »Under Western Eyes: Feminist Scholarship and Colonial Discourses«, in: *Feminist Review*, Nr. 30 (1988), S. 61–88. In diesen Texten wird die Subjektposition westlicher EthnologInnen gegenüber ihren Objekten im Rahmen einer Machtanalyse problematisiert, die dokumentarisches »Wissen« als Verlängerung imperialer und kolonialer Wissensregimes interpretiert. Vgl. dazu auch Trinh T. Minh-Ha, »Cotton and Iron«, in: Madeleine Bernstorff / Hedwig Saxenhuber (Hg.), *Trinh T. Minh-Ha. Texte, Filme, Gespräche*, München, Wien u. Berlin: Kunstverein München / Synema Gesellschaft für Film und Medien 1995, S. 5–16, bes. S. 5.

23 Ludwig Wittgenstein, *Philosophische Untersuchungen*, in: *Werkausgabe*, Bd. 1, Frankfurt/M.: Suhrkamp [10]1995, Abschnitt 243 ff. (S. 356 ff.).

24 Hannah Arendt, »Wahrheit und Politik«, in: Dies., *Wahrheit und Lüge in der Politik*, München: Piper 1967, S. 44–92, hier: S. 92.

25 Jean-Luc Godard, *Histoire(s) du Cinéma*, Paris: Gallimard/Gaumont 1998, S. 86.

26 Giorgio Agamben, *Was von Auschwitz bleibt. Das Archiv und der Zeuge*, Frankfurt/M.: Suhrkamp 2003, S. 29.

27 Vgl. ebd., S. 29 f.

28 Ebd., S. 30.

29 Ebd., S. 145.

30 Ebd., S. 144.

31 Der Text ist mittlerweile in Buchform auf Deutsch erschienen (Georges Didi-Huberman, *Bilder trotz allem*, München: Fink 2007). Ich beziehe mich jedoch noch auf ein unveröffentlichtes Transkript eines Vortrags, der 2003 an der Wiener Akademie der bildenden Künste gehalten wurde.

32 Ebd.

33 Der Kontext muss oft mühsam rekonstruiert werden, wie es am Beispiel der Kontroverse um den Umgang der Wehrmachtsausstellung mit einigen ihrer – Verbrechen dokumentierenden – Fotos nachzulesen ist. Nachdem von anderen Historikern in Frage gestellt worden war, ob die ausgestellten Fotos auch wirklich Verbrechen der Wehrmacht oder aber solche des sowjetischen Geheimdiensts zeigten, war eine akribische Rekonstruktion der Tathergänge erforderlich, die sich

aus dem zu Sehenden keineswegs unmittelbar erschlossen, und den Historikern eben jene Aufgabe der genauen Lektüre und Beschriftung abverlangte, die Benjamin als Aufgabe des Fotografen bezeichnet hat: »die Schuld« auf den Bildern aufzudecken und »den Schuldigen zu bezeichnen« (Walter Benjamin, »Kleine Geschichte der Fotografie«, in: Ders., *Gesammelte Schriften*, Bd. II.1, a. a. O., S. 368–385, hier: S. 385. Die Rekonstruktion führte dann nicht nur zur Neubeschriftung der fraglichen Bilder, sondern auch zu einer genaueren Reflexion über den Status von Fotografien als Dokumente: »Die Fotografie gilt als *das* Medium, das die Wirklichkeit unverfälscht und wahrheitsgemäß abbildet. Dabei ist das Bild immer nur ein Ausschnitt dessen, was vor dem Objektiv geschah, es zeigt einen kleinen Moment aus dem Zeitablauf. Wie jedes schriftliche Dokument verlangt auch die Fotografie einen quellenkritischen Umgang. Anders als der abstrakte Text suggeriert das gegenständliche Bild dem Betrachtenden, er oder sie sei Zeuge des Geschehens. Die Fotografie ist eine noch wenig genutzte Quelle. Zu vielfältig scheinen die Probleme bei der Überprüfung von Authentizität und Wahrheitsgehalt zu sein. Gleichzeitig verstärken die fehlenden oder widersprüchlichen Angaben in den Archiven die bestehende Unsicherheit im Umgang mit bildlichen Quellen. Das methodische Handwerkszeug zur angemessenen Deutung von Fotos ist bisher kaum entwickelt« (Hamburger Institut für Sozialforschung, *Verbrechen der Wehrmacht. Dimensionen des Vernichtungskrieges 1941–1944*, Ausstellungskatalog, Hamburg: Hamburger Edition 2002, S. 106).

34 Vgl. Michel Foucault, *Archäologie des Wissens*, Frankfurt/M.: Suhrkamp [6]1994, S. 14 ff.

35 Ebd., S. 14.

36 Ebd.

37 Ebd., S. 15.

38 Ebd.

39 Vgl. Jacques Derrida, *Dem Archiv verschrieben. Eine Freud'sche Impression*, Berlin: Brinkmann + Bose 1997, S. 11.

40 Ebd., S. 10.

41 Vgl. ebd., S. 9: »*Arché*, entsinnen wir uns, benennt zugleich den *Anfang* und das *Gebot*. Dieser Name führt augenscheinlich zwei Anfangsgründe zusammen zu einem: den Anfangsgrund nach Maßgabe der Natur bzw. der Geschichte, *da, wo* die Dinge *ihren Anfang haben* – als physischer, historischer oder ontologischerAnfangsgrund –, aber auch den Anfangsgrund nach Maßgabe des Gesetzes, *da, wo* Menschen und Götter *gebieten*, *da, wo* die Autorität, die soziale Ordnung geltend gemacht wird, *an jenem Ort*, von dem her die *Ordnung* gegeben wird – der nomologische Anfangsgrund.«

42 Ebd., S. 13.

[43] Diese Kritik der Singularität ist Peter Hallwards Kritik an der Überhöhung des Singulären in den Postcolonial Studies entlehnt (vgl. Peter Hallward, *Absolutely Postcolonial: Writing Between the Singular and the Specific*, Manchester: Manchester University Press 2001). Das poststrukturalistische und dekonstruktive Beharren auf der Singularität bestimmter Vorgänge hat zur Folge, dass ihre Relationalität mit anderen Vorgängen oder Ereignissen tendenziell negiert wird. Die Folge ist eine Welt paralleler Bedeutungsuniversen, die sich nicht mehr aufeinander beziehen können, da sie gegeneinander inkommensurabel sind. Somit ergibt sich ein Verlust jeglichen sozialen, politischen und historischen Kontexts, da jedes Ereignis aus seiner – anderen gegenüber – singulären Logik heraus begriffen wird.

[44] Klub Zwei, »Schwarz auf Weiß«, A/GB 2003, Beta SP 5 min. – Vgl. zu dieser Arbeit auch den ausführlichen Text von Karin Gludovatz, »Grauwerte. Ein Projekt von Klub Zwei zum Gebrauch historischer Dokumentarfotografie«, in: *Texte zur Kunst*, 51, 2003, S. 58–67.

[45] Clement Chéroux, *Du bon usage des images*. Paris: Marval 2001.

[46] Zit. nach Klub Zwei, »Schwarz auf Weiß«.

[47] Ebd.

[48] »Es ist niemals ein Dokument der Kultur, ohne zugleich ein solches der Barbarei zu sein.« – Walter Benjamin, »Über den Begriff der Geschichte«, in: Walter Benjamin, *Illuminationen. Ausgewählte Schriften 1*, Frankfurt/M.: Suhrkamp 1977, S. 251–261, hier: S. 254.

[49] Vgl. Allan Sekula, »The Body and the Archive«, in: Jessica Evans / Stuart Hall (Hg.), *Visual Culture: The Reader*, London: Sage 1986, S. 181–192.

[50] Ebd., S. 188: »Die Geschichte nimmt den Charakter des *Spektakels* an«, sowie S. 189: »Indem er eine lose Abfolge von fragmentarischen Blicken auf die Vergangenheit aufspürt, wird der Zuschauer in die Lage einer imaginären zeitlichen und geografischen Mobilität versetzt. In diesem entorteten und desorientierten Zustand ist die einzige angebotene Kohärenz die der sich ständig verändernden Position der Kamera, die den Zuschauer mit einer Art ohnmächtigen Allwissenheit ausstattet. [...] [A]ber die Maschine etabliert ihre Macht nicht durch ein Argument, sondern indem sie eine *Erfahrung* vermittelt. [...] [D]as Verständnis wird durch eine ästhetische Erfahrung ersetzt.« (Übers. v. d. Verf.)

[51] Vgl. ebd., S. 186 f.

[52] Zit. nach »Dial H-I-S-T-O-R-Y«.

[53] Guy Debord, *Die Gesellschaft des Spektakels*, Hamburg: Edition Nautilus 1978, Kap. 1, Nr. 12.

[54] Vgl. ebd.

55 Johan Grimonprez, »Supermarket History. Interview mit Catherine Bernard«, in: *Parkett*, Nr. 53, Zürich u. New York 1998.

56 Vgl. auch Walter Benjamin: »Es gibt ein Bild von Klee, das Angelus Novus heißt. Ein Engel ist darauf dargestellt, der aussieht, als wäre er im Begriff, sich von etwas zu entfernen, worauf er starrt. Seine Augen sind aufgerissen, sein Mund steht offen und seine Flügel sind ausgespannt. Der Engel der Geschichte muss so aussehen. Er hat das Antlitz der Vergangenheit zugewendet. Wo eine Kette von Begebenheiten vor uns erscheint, da sieht er eine einzige Katastrophe, die unablässig Trümmer auf Trümmer häuft und sie ihm vor die Füße schleudert. Er möchte wohl verweilen, die Toten wecken und das Zerschlagene zusammenfügen. Aber ein Sturm weht vom Paradiese her, der sich in seinen Flügeln verfangen hat und so stark ist, dass der Engel sie nicht mehr schließen kann. Dieser Sturm treibt ihn unaufhaltsam in die Zukunft, der er den Rücken kehrt, während der Trümmerhaufen vor ihm zum Himmel wächst. Das, was wir den Fortschritt nennen, ist dieser Sturm« (Walter Benjamin, »Über den Begriff der Geschichte«, a. a. O., S. 255).

57 Allan Sekula. »Waiting for Tear Gas (White Globe to Black)«, in: Alexander Cockburn / Jeffrey St. Clair / Allan Sekula, *5 Days that Shook the World: Seattle and Beyond*, London u. New York: Verso 2000, S. 87; dt.: »Warten auf Tränengas (Vom weißen Globus zum schwarzen)«, in: *Allan Sekula: Titanic's Wake*, Graz: Edition Camera Austria 2003, S. 122.

58 Ebd.

59 Giorgio Agamben, *Kindheit und Geschichte. Zerstörung der Erfahrung und Ursprung der Geschichte*, Frankfurt/M.: Suhrkamp 2004.

60 Walter Benjamin, »Der Erzähler«, in: Ders., *Illuminationen*, a. a. O., S. 385–412, hier S. 386.; vgl. auch Walter Benjamin, »›Erfahrung‹«, in: Ders., *Gesammelte Schriften*, Bd. II.1, Frankfurt/M.: Suhrkamp 1991, S. 54–56. Natürlich ist dieser Begriff von Erfahrung nicht der einzige, den Benjamin in seinem Werk formuliert hat. Vgl. zur Transformation dieses Begriffs in Benjamins Werk auch: Howard Caygill, *The Colour of Experience*, London u. New York: Routledge 1998.

61 Vgl. Walter Benjamin, »Das Kunstwerk im Zeitalter seiner technischen Reproduzierbarkeit«, in: Ders., *Illuminationen*, a. a. O., S. 136–169, hier: 168 f.

62 Vgl. ebd., S. 166 f. – Für Siegfried Kracauer vgl. *Theorie des Films. Die Errettung der äußeren Wirklichkeit*, Frankfurt/M.: Suhrkamp 1985, S. 91 f.: »Naturkatastrophen, die Gräuel des Krieges, Gewalttaten und Terrorakte, hemmungslos erotisches Triebleben und der Tod sind Ereignisse, die das menschliche Bewusstsein zu überwältigen drohen. [...] Nur die Kamera vermag sie unverzerrt darzustellen. Tatsächlich

hat denn auch das Medium stets eine Vorliebe für Ereignisse dieser Art bekundet. Es gibt kaum eine Wochenschau, die nicht in den Verwüstungen schwelgte, wie eine Überschwemmung, ein Orkan, ein Flugzeugunglück usw. sie angerichtet haben. [...] Der Geschmack, den der Film immer wieder am Grässlichen findet, und die Ungehemmtheit, mit der er es darzustellen liebt, haben ihm oft den Vorwurf billiger Sensationshascherei eingetragen.« Kracauer sagt aber auch, dass das Kino der Katastrophe etwas Neues hinzufügt, nämlich die Fähigkeit, das sichtbar zu machen, was sonst in Erregung ertrinkt: »[D] ie russischen Filme der Zwanzigerjahre [...] [vermitteln uns] ein Bild vom Paroxysmus wirklicher Massenaufstände, die, ihrer gewaltigen emotionalen *und* räumlichen Ausmaße wegen, doppelt auf filmische Behandlung angewiesen sind, um wahrgenommen werden zu können. [...] Das Kino zielt also darauf ab, den innerlich aufgewühlten Zeugen in einen bewussten Beobachter umzuwandeln« (ebd., S. 92).

63 Vgl. dazu ausführlicher Ben Singer, »Modernity, Hyperstimulus and the Rise of Popular Sensationalism«, in: Leo Charney / Vanessa R. Schwartz (Hg.), *Cinema and the Invention of Modern Life*, London u. Berkeley: University of California Press 1995, S. 72–99, hier: S. 72.

64 Vgl. ebd., S. 88.

65 So Kracauer in seinen Marseiller Notizbüchern; zit. nach Miriam Hansen, »Introduction«, in: Siegfried Kracauer, *Theory of Film: The Redemption of Physical Reality*, Princeton: Princeton University Press 1997, S. XVII.

66 Vgl. ebd., S. XXI.

67 So wie etwa Godard/Gorin in ihrem Film »Tout va bien«(1972) eine Supermarktkasse zum Schauplatz einer Rebellion machen.

68 Walter Benjamin, »Das Kunstwerk im Zeitalter seiner technischen Reproduzierbarkeit«, a. a. O., S. 168 f.

69 Helmut Draxler, »Against Dogma. Time Code as an Allegory of the Social Factory«, http://www.bbooks.de/biopolitik/hd-timecode.htm (abgerufen am 10. Nov. 2007).

70 Drehli Robnik, »Abendschule für Zeitspiele«, unveröffentlichtes Vortragsmanuskript, Graz: November 2003, auf der Tagung »Film und Biopolitik«.

71 Fredric Jameson, *Signatures of the Visible*, London u. New York: Routledge 1992, S. 87.

72 Gilles Deleuze, *Differenz und Wiederholung*, München: Fink 1992, S. 365ff.

73 Vgl. Maurizio Lazzarato, »Kampf, Ereignis, Medien«, in: Gerald Raunig (Hg.), *Bildräume und Raumbilder. Repräsentationskritik in Film und Aktivismus* (*republicart*, Bd. 2), Wien: Turia + Kant, S. 175–184, bes. S. 178–181.

74 Dementsprechend heißt Joseph Pines und James H. Gilmores Businessanleitung auch *The Experience Economy: Work is Theatre and Every Business a Stage.*

75 Guy Debord, *Die Gesellschaft des Spektakels*, a. a. O.

76 Henri Bergson, *Materie und Gedächtnis. Eine Abhandlung über die Beziehung zwischen Körper und Geist*, Hamburg: Meiner 1991, S. 127 ff.

77 Ebd., S. 128.

78 Vgl. ebd., S. I (»Vorwort zur 7. Auflage«).

79 Vgl. zu dieser Arbeit auch Carles Guerra, »Variaciones del ensayo«, *La Vanguardia de Barcelona*, 13. 4. 2005, hier zit. nach http://e-barcelona.org/ index.php?name=News&file=article&sid=6216 (abgerufen am 10. Nov. 2007).

80 Allan Sekula, »TITANIC's Wake«, in: *Camera Austria* 79/2002, Graz, S. 5–16.

81 Slavoj Žižek, »More Real than Reality«, in: Christina Lammer (Hg.), *doKU – Wirklichkeit inszenieren im Dokumentarfilm*, Wien: Turia + Kant, S. 161–171, bes. S. 162.

82 Ebd., S. 169.

83 Ebd., S. 167.

84 Elisabeth Cowie, »Identifizierung mit dem Realen – Spektakel der Realität«, a. a. O., bes. S. 170 f.

85 Theodor W. Adorno / Max Horkheimer, *Dialektik der Aufklärung. Philosophische Fragmente*, Frankfurt/M.: Fischer 1969.

86 Michael Renov, *Theorizing Documentary*, a. a. O., S. 1: »Sobald man, wie es die gesamte philosophische Tradition tut, zwischen Wahrheit und Realität unterschieden hat, folgt daraus sofort, dass die Wahrheit ›sich in der Struktur einer Fiktion artikuliert‹. Lacan insistiert sehr stark auf der Opposition Wahrheit/Realität, die er als Paradox darstellt. Die Opposition, die so orthodox ist, wie sie überhaupt nur sein kann, erleichtert den Durchgang der Wahrheit durch die Fiktion: Der *common sense* wird immer schon eine Unterscheidung zwischen Realität und Fiktion gezogen haben.« (Übers. v. d. Verf.)

87 Ebd., S. 3.

88 Hannah Arendt, »Die Lüge in der Politik«, a. a. O., bes. S. 9.

89 Maurizio Lazzarato, »Kampf, Ereignis, Medien«, a. a. O., bes. S. 178–181.

90 Ebd.

91 Drehli Robnik, »Abendschule für Zeitspiele: Wirres zum Kino als Modulation des Lebens und Produktivkraftentfaltung des Affektiven«, a. a. O.

92 Hannah Arendt, *Elemente und Ursprünge totaler Herrschaft. Antisemitismus, Imperialismus, totale Herrschaft*, München: Piper 1986, S. 612.

93 Siegfried Kracauer, »Das Ornament der Masse«, in: Ders., *Das Ornament der Masse*, Frankfurt/M.: Suhrkamp 1977, S. 50–63, bes. S. 55.

94 Vgl. ebd.

95 Jean-Luc Nancy, *Die undarstellbare Gemeinschaft*, Stuttgart: Edition Patricia Schwarz 1988, S. 95.

96 Organisiert von Artangel im Sorting Office, London.

97 Hannah Arendt, *Elemente und Ursprünge totaler Herrschaft. Antisemitismus, Imperialismus, totale Herrschaft*, a. a. O., S. 559–627.

98 Jean-Luc Nancy, *Die undarstellbare Gemeinschaft*, a. a. O., »Der unterbrochene Mythos«, S. 93–148, bes. S. 95.

99 Ebd.

100 Ebd., S. 100 f.

101 Ebd., S. 11 f.

102 Ebd., S. 13 f.

103 Ebd., S. 125 (die dt. Übers. gibt den franz. Begriff der *communauté inavouable* als »nicht bekennbare Gemeinschaft« wieder).

104 Die offizielle deutsche Übersetzung lautet: »Zusammen-Erscheinen«.

105 Eyal Sivan, Keny Rwanda 1996, 13 min, mit engl. Untertiteln.

106 Jürgen Habermas, *Strukturwandel der Öffentlichkeit. Untersuchungen zu einer Kategorie der bürgerlichen Gesellschaft (Mit einem Vorwort zur Neuauflage 1990)*, Frankfurt/M.: Suhrkamp 1990.

107 Vgl. z. B. Chantal Mouffe, »Deliberative Democratic or Agonistic Pluralism«, Wien: IHS 2000, S. 16.

108 Giorgio Agamben, »Noten zur Geste«, in: Ders., *Mittel ohne Zweck. Noten zur Politik*, Freiburg/Berlin: Diaphanes 2001, S. 53–62, hier: S. 56.

109 Ein absurdes Beispiel für das babylonische Sprachengewirr dokumentarischer Formen sind Übertragungen von großen Sportereignissen, die jeweils nach nationalen Gesichtspunkten gestaltet werden, sodass man in zwei Ländern völlig verschiedene Varianten ein und derselben Olympiade oder Weltmeisterschaft zu sehen bekommt.

110 Walter Benjamin, »Die Aufgabe des Übersetzers«, in: Ders., *Illuminationen. Ausgewählte Schriften 1*, a. a. O., S. 50–62.

111 Vgl. Giorgio Agamben, »Noten zur Geste«, a. a. O., S. 57.

112 Ebd., S. 58.

113 Ebd.

114 Walter Benjamin, »Goethes Wahlverwandtschaften«, in: Ders., *Illuminationen. Ausgewählte Schriften 1*, a. a. O., S. 63–135, hier: S. 116.

[115] Dziga Vertov, »Vorläufige Instruktion an die Zirkel des Kinoglaz«, in: Eva Hohenberger (Hg.), *Bilder des Wirklichen. Texte zur Theorie des Dokumentarfilms*, a. a. O., S. 87–93, hier: S. 90.

[116] Alain Badiou, *Das Jahrhundert*, Zürich/Berlin: Diaphanes 2006, Kap. 5: »Passion des Realen und Montage des Scheins«, S. 63–74, hier: S. 63.

[117] Ebd., S. 68.

[118] Dziga Vertov, »Kinoki-Umsturz«, in: Eva Hohenberger (Hg.), *Bilder des Wirklichen. Texte zur Theorie des Dokumentarfilms*, a. a. O., S. 74–85, hier: S. 81.

[119] Ebd., S. 82.

[120] Siegfried Kracauer, »Die Photographie«, in: Ders., *Das Ornament der Masse*, a. a. O., S. 22–39, hier: S. 31.

[121] Ebd., S. 29.

[122] Vgl. ebd., S. 32.

[123] Joachim Paech, »Rette, wer kann ( ). Zur (Un)Möglichkeit des Dokumentarfilms im Zeitalter der Simulation«, in: Christa Blümlinger (Hg.), *Sprung im Spiegel. Filmisches Wahrnehmen zwischen Fiktion und Wirklichkeit*, Wien: Sonderzahl 1990, S. 110–124, hier: S. 113.

[124] Siegfried Kracauer, *Theorie des Films. Die Errettung der äußeren Wirklichkeit*, a. a. O., S. 58.

[125] André Bazin, »Ontologie des fotografischen Bildes«, in: Ders., *Was ist Kino? Bausteine zur Theorie des Films*, Köln: Dumont 1975, S. 21–27.

[126] Ebd. S. 25.

[127] Joachim Paech, »Rette, wer kann ( )«, a. a. O., S. 114.

[128] Ebd.

[129] Zit. nach William Guynn, *Cinema of the Non-Fiction*. Cranbury, New Jersey: Associated University Presses, Inc., 1990, S. 18.

[130] Roland Barthes, *Die helle Kammer. Bemerkungen zur Photographie*. Frankfurt/M.: Suhrkamp 1989, S. 22.

[131] Ebd., S. 19.

[132] John Grierson, »Grundsätze des Dokumentarfilms«, in: Eva Hohenberger (Hg.), *Bilder des Wirklichen. Texte zur Theorie des Dokumentarfilms*, a. a. O., S. 100–113, hier: S. 102.

[133] Klaus Wildenhahn, »Siebente Lesestund«, in: Eva Hohenberger (Hg.), *Bilder des Wirklichen. Texte zur Theorie des Dokumentarfilms*, a. a. O., S. 142–153, hier: S. 147.

[134] Bruce Berman, »Jean Rouch: A Founder of the Cinéma Vérité Style«, in: Film Library Quarterly, 11/4 (1978), S. 21; zit. nach Mo Beyerle, »Das Direct Cinema und das Radical Cinema«, in: Mo Beyerle / Christine N. Brinckmann (Hg.), *Der amerikanische Dokumentarfilm der 60er Jahre. Direct Cinema und Radical Cinema*. Frankfurt/M. u. New York: Campus 1991, S. 29–49, hier: S. 29.

[135] Eileen McGarry, »Dokumentarisch, realismus und frauenfilm«, in: *Frauen und Film*, Nr. 11, 1977, S. 19–28.

[136] Claire Johnston, »Women's Cinema as Counter-Cinema«, in: Dies. (Hg.), *Notes on Women's Cinema*, London: Society for Education in Film and Television 1975, S. 24–31, bes. S. 28.

[137] Martha Rosler, »Drinnen, Drumherum und nachträgliche Gedanken (zur Dokumentarfotografie)«, in: Sabine Breitwieser (Hg.), *Martha Rosler – Positionen in der Lebenswelt*, Wien: Generali Foundation 1999, S. 105–148.

[138] Ebd., S. 124.

[139] Ebd., S. 110.

[140] Lev Manovich, »Vom DV-Realismus zur Universellen Aufzeichnungsmaschine«, in: Ders., *Black Box, White Cube*, Berlin: Merve 2005, S. 145–170.

[141] Wolfgang Beilenhoff / Rainer Vowe, »Das Authentische ist Produkt einer Laborsituation«, Interview mit Judith Keilbach, http://www.nachdemfilm.de/ no2/bei01dts.html 2000 (abgerufen am 10. Nov. 2007).

[142] John Fiske, »Videotech«, a. a. O., S. 153–162.

143Boris Groys, »Kunst im Zeitalter der Biopolitik. Vom Kunstwerk zur Kunstdokumentation«, in: *Documenta11_Plattform5: Ausstellung (Katalog)*, Ostfildern: Hatje Cantz 2002, S. 107–113, hier: S. 108.

[144] Ebd., S. 113.

[145] Theodor W. Adorno, *Jargon der Eigentlichkeit. Zur deutschen Ideologie*, Frankfurt/M.: Suhrkamp 1964; hier zit. nach http://www.kritiknetz.de/? position=artikel&aid=273 (abgerufen am 10. Nov. 2007).

[146] Zur Kritik dieses Begriffs vgl. auch Die Röteln, »Einleitung«, in: Dies. (Hg.), *»Das Leben lebt nicht«*, Berlin: Verbrecher Verlag 2006, S. 1–8, wo verschiedene, sehr widersprüchliche Verwendungen dieses Begriffs beschrieben werden.

[147] Ella Shohat / Robert Stam, *Unthinking Eurocentrism: Multiculturalism and the Media*. London u. New York: Routledge 1994.

[148] Zit. nach Thomas Noetzel, *Authentizität als politisches Problem. Ein Beitrag zur Theoriegeschichte der Legitimation politischer Ordnung*, Berlin: Akademie Verlag 1999, S. 18.

[149] Ebd.

[150] Ebd.

[151] Ebd., S. 19 f.

[152] Ebd., S. 39.

[153] Ebd.

[154] Theodor W. Adorno, *Jargon der Eigentlichkeit*, a. a. O.; hier zit. nach http://www.kritiknetz.de/?position=artikel&aid=273 (abgerufen am 10 Nov. 2007).

155 Bruno Latour, *We have never been modern*. Cambridge (Mass.): Harvard University Press 2007.

156 Ebd.

157 Ebd.

158 Brian O'Doherty, *In der weißen Zelle. Inside the White Cube*, Berlin: Merve 1996.

159 Mark Wigley, *White Walls, Designer Dresses: The Fashioning of Modern Architecture*, Boston: MIT Press 1995, S. XIV.

160 Ebd.

161 Ebd.

162 Ebd., S. XVI.

163 Ebd., S. 3.

164 Zit. nach ebd.: »Everything is shown as it is.«

165 Ebd., S. 8.

166 Ebd.

167 Zit. nach ebd., S 30. (Übers. v. d. Verf.)

168 Paradigmatisch dafür etwa Jean-Louis Baudry, »Effets ideologiques produits par l'appareil de base«, in: Ders., *L'effet cinema*, Paris: Albatros 1978.

169 Joachim Paech, »Rette, wer kann ( )«, a. a. O., S. 36 f.

170 Vgl. z. B. Laura Mulvey, »Visual Pleasure and Narrative Cinema«, in: Jill Nelmes (Hg.), *An Introduction to Film Studies*, London u. New York: Routledge 1999.

171 Ursula Frohne, »›That's the only now I get‹ – Immersion und Partizipation in Video-Installationen von: Dan Graham, Steve McQueen, Douglas Gordon, Doug Aitken, Eija-Liisa Ahtila, Sam Taylor-Wood«, in: Ralf Beil (Hg.), *Black Box. Der Schwarzraum in der Kunst*, Ostfildern: Hatje Cantz, 2001; hier zit. nach: http://www.medienkunstnetz.de/themen/kunst_und_kinematografie /immersion_partizipation/ (abgerufen am 10. Nov. 2007).

172 Ebd.

173 Boris Groys, »On the aesthetics of video installations«, in: Stan Douglas, *Le Détroit*, Basel: Kunsthalle Basel 2001, o. S.

174 Vgl. z. B. Niklaus Hablützel, »Diskurse der guten Absichten«, in: *taz*, 9. 9. 2002.

175 Ebd.

176 Boris Groys, »On the aesthetics of video installations«, a. a. O.

177 Mark Nash, »Art and Cinema – Some Critical Reflections«, in: *Documenta 11_Platform5: Exhibition (Catalogue)*, Ostfildern: Hatje Cantz 2002, S. 129.

178 Ebd.

179 Zit. nach ebd., S. 130.

180 Ebd., S. 129.

[181] Ebd., S. 132.

[182] Ebd., S. 132 f.

[183] Roger Buergel / Ruth Noack, *Die Regierung. Paradiesische Handlungsräume*, Wien: Secession 2005, o. S.

[184] William Kentridge, *Black Box / Chambre Noire*, Katalog, hg. v. Maria-Christina Villasenor, Berlin: Deutsche Guggenheim 2005/06.

[185] Hannah Arendt, *Elemente und Ursprünge totaler Herrschaft. Antisemitismus, Imperialismus, totale Herrschaft*, a. a. O., »Die Gespensterwelt des schwarzen Erdteils«, S. 408–427, hier: S. 414 u. 416. Arendt behauptet auch, dass der deutsche Kolonialist Carl Peters für Conrads Figur des Colonel Kurtz Pate gestanden habe. Die oben wiedergegebene Passage von S. 416 enthält ein nicht genau ausgewiesenes Zitat von Joseph Conrad. Fragwürdig ist Arendts Interpretation, weil sie den Eindruck von Conrads Protagonisten für bare Münze nimmt und so tut, als sei diese subjektive und hochideologische Wahrnehmung der Schattenhaftigkeit der Arbeiter Realität.

[186] Paul S. Landau, »Photography and Colonial Vision«, H-Africa – Africa Forum 1999, http://www2.h-net.msu.edu/~africa/africaforum/Landau.html (abgerufen am 10. Nov. 2007).

[187] Susan Sontag, *On Photography*, New York: Dell 1973, S. 7.

[188] Paul S. Landau, »Photography and Colonial Vision«, a. a. O.

[189] Ebd.

[190] Der Filmtheoretiker André Bazin sieht in dieser mimetischen Qualität die herausragende Eigenschaft des fotografischen Bildes. Bazin und andere Realisten glauben, dass das Bild eine besondere Beziehung zur Realität unterhalte, da die mechanische Natur derAufzeichnung den subjektiven Faktor in der Herstellung neutralisiere: »Die objektive Natur der Fotografie verleiht ihr eine Glaubwürdigkeit, die allen anderen Methoden der Bildherstellung fehlt« (zit. nach Noël Carroll, *Philosophical Problems of Classical Film Theory*, Princeton: Princeton University Press 1988, S. 125 [Übers. v. d. Verf.]).

[191] Michel Foucault, »Wahrheit und Macht. Interview von Alessandro Fontana u. Pasquale Pasquino«, a. a. O., S. 51.

[192] Vgl. auch Peter Weibel, »Medien als Maske: Videokratie«, in: Keiko Sei (Hg.), *Von der Bürokratie zur Telekratie. Rumänien im Fernsehen*, Berlin: Merve 1990, S. 124–149, bes. S. 134 f.

[193] Ebd., S. 143.

[194] Vilém Flusser, »Fernsehbild und politische Sphäre«, in: Keiko Sei (Hg.), *Von der Bürokratie zur Telekratie. Rumänien im Fernsehen*, a. a. O., S. 103–114, hier: S. 112.

[195] Ebd.

[196] Ebd., S. 103.

[197] Ebd.

[198] Brian Massumi, »Fear (The Spectrum Said)«, a. a. O., S. 32.

[199] Marshall McLuhan, »Radio«, in: Ders., *Understanding Media*, London u. New York: Routledge 2001, S. 324–335.

[200] Paolo Virno, *Grammatik der Multitude*, Wien: Turia + Kant 2005, S. 37 ff.

[201] Peter Weibel, »Das Ende für das ›Ende der Kunst‹? Über den Ikonoklasmus der modernen Kunst«, http://hosting.zkm.de/icon/stories/storyReader$33 (abgerufen am 10. Nov. 2007).

[202] Vgl. auch Jay G. Blumler, »The New Television Marketplace: Imperatives, Implications, Issues«, in: James Curran / Michael Gurevitch (Hg.), *Mass Media and Society*, London, New York, Melbourne u. Auckland: Edward Arnold, S. 194–216, bes. S. 208 ff.

[203] Walter Benjamin, »Über die Sprache überhaupt und über die Sprache des Menschen«, in: *Angelus Novus. Ausgewählte Schriften 2*, Frankfurt/M.: Suhrkamp 1988, S. 9–26.

[204] Christopher Bracken, »The Language of Things: Walter Benjamin's Primitive Thought«, in: *Semiotica* 138-1/4, 2002, S. 321–350, hier: S. 338.

[205] Vgl. z. B. Michel Foucault, *Dispositive der Macht*, Berlin: Merve 1978; ders., *Die Ordnung der Dinge*, Frankfurt/M.: Suhrkamp 2003.

[206] Theodor W. Adorno / Max Horkheimer, *Dialektik der Aufklärung. Philosophische Fragmente*, a. a. O.

[207] Vgl. z. B. Bill Nichols, *Representing Reality*, a. a. O.

[208] Der Begriff »Dokument« ist zunächst im juristischen Sprachgebrauch verankert. Dort bezeichnet er ein zum »Beweis dienendes Schriftstück« (Manfred Hattendorf, *Dokumentarfilm und Authentizität. Ästhetik und Pragmatik einer Gattung*, Konstanz: UVK Medien, S. 44.). Etwas soll durch das Dokument als wahr bewiesen bzw. beglaubigt werden. Auf diese Weise konstruiert auch der Dokumentarfilm-Theoretiker Klaus Arriens den Zusammenhang zwischen dem Dokument und dem Dokumentarischen: »Dokumente haben in diesem Sinne die Funktion, Sicherheit zu schaffen, sie sind als Warnungen, Beispiele und Proben gegen andere Beispiele als authentische autorisiert« (Klaus Arriens, *Wahrheit und Wirklichkeit im Dokumentarfilm. Philosophie des Dokumentarfilms*, a. a. O., S. 18).

[209] Christopher Bracken, »The Language of Things: Walter Benjamin's Primitive Thought«, a. a. O., S. 338.

[210] Michel Foucault, »Wahrheit und Macht. Interview von Alessandro Fontana u. Pasquale Pasquino«, a. a. O., S. 51.

[211] Walter Benjamin, »Goethes Wahlverwandtschaften«, a. a. O., S. 116.

[212] Hier liegt auch der wesentliche Unterschied zwischen Benjamins Konzept und vitalistischen Konzepten, wie etwa einer von Henri Bergson und Deleuze/Guattari inspirierten Filmtheorie. Während Benjamin

auf der Unterbrechung und Suspendierung des Lebens in der Kunst beharrt, geht es den vitalistischen Filmtheorien eher um den Aspekt der ungebrochenen Übertragung dieser Kräfte.

213 Christopher Bracken, »The Language of Things: Walter Benjamin's Primitive Thought«, a. a. O., S. 338.

214 Dziga Vertov, »Der Mann mit der Kamera«, Vorspann, sowie Dziga Vertov, »Vom Kinoglaz zum Radioglaz«, in: Eva Hohenberger (Hg.), *Bilder des Wirklichen. Texte zur Theorie des Dokumentarfilms*, a. a. O., S. 94–99.

215 Vgl. dazu auch Maurizio Lazzarato, *Videophilosophie. Zeitwahrnehmung im Postfordismus*, Berlin: b_books 2002, »Die Kinoki – Die Kriegsmaschine des ›Kinoauges‹ gegen das Spektakel«, S. 113–127, bes. S. 114 f.

216 Ludwig Seyfarth beschrieb dies in Bezug auf die dokumentarische Argumentation der documenta 11 mit dem schönen Satz: »Wenn im Zeitalter der Globalisierung Kunst ein Mittel der Verständigung sein soll, ist sie auf das Dokumentarische als eine Art Esperanto dringend angewiesen« (Ludwig Seyfarth, »Das Dokumentarische als Ort der Kunst«, *FAZ.NET*, 9. 6. 2002).

217 Vgl. dazu auch z. B. Michael Gurevitch, »The Globalisation of Electronic Journalism«, in: James Curran / Michael Gurevitch (Hg.), *Mass Media and Society*, a. a. O., S. 178–193.

218 Paolo Virno, *Grammatik der Multitude*, a. a. O., S. 51.

219 Theodor W. Adorno, »Der Essay als Form«, in: Ders., *Noten zur Literatur*, Frankfurt/M.: Suhrkamp 1994, S. 9–33.

220 Konkrete Beispiele für solche fragmentierten Zeitabschnitte waren im Zeitraum der Entstehung etwa ein zweiwöchiger, unbezahlter Zwangsmutterschaftsurlaub an einer angesehenen britischen Universität, aber auch am anderen Ende des Spektrums ein großzügiges Stipendium einer schwedischen Institution, das aus Mangel an bezahlbarer und funktionierender Kinderbetreuung nicht beendet werden konnte.

221 Vgl. auch Maurizio Lazzarato, *Videophilosophie*, a. a. O., »Ökonomie und affektive Kräfte«, S. 129–156.